六祖坛经

中国佛学经典宝藏

18

李申 释译

星云大师总监修

人民东方出版传媒

东方出版社

《中国佛学经典宝藏》

华人佛学界顶级专家团队编撰。大陆首次引进简体中文版。
读得懂，买得起，藏得下的"白话精华大藏经"。

星云大师
总监修

"人间佛教"的践行本

专家推荐

星云大师常常说，佛学不是少数人的专利，它应该是每一个人都能够接触的。这套书推动了白话佛学经典的完成。

——依空法师

佛光山长老，文学博士，印度哲学博士

星云大师对编修《中国佛学经典宝藏》非常重视，对经典进行注、译，包括版本源流梳理，这对一般人去看经典、理解经典的思想，是有帮助的。

——赖永海

南京大学教授，旭日佛学研究中心主任

《中国佛学经典宝藏》精选了很多篇目，是能够把佛法的精要，比较全面地给予介绍。

——王志远

中国社会科学院研究生院导师，中国宗教协会副会长

《中国佛学经典宝藏》白话版系列丛书，共计132册，由星云大师总监修，大陆、台湾百余专家学者通力编撰而成。

丛书依大乘、小乘、禅、净、密等性质编号排序，将古来经律论中之经典著作，依据思想性、启发性、教育性、人间性的原则，做了取其精华、舍其艰涩的系统整理。每种经典都按原文、注释、译文等体例编排，语言力求通俗易懂、言简意赅，让佛学名著真正做到雅俗共赏；还以题解、源流、解说等章节，阐述经文的时代背景、影响价值及在佛教历史和思想演变上的地位角色。丛书还开创性地收录了一些有代表性的现代读本。

传统大藏经 VS 中国佛学经典宝藏

第一回合	卷帙浩繁	VS	精华集萃
	普通人阅读没头绪、没精力、看不懂。		星云大师亲选132种书目，提纲挈领，方便读者。
第二回合	古文艰涩 繁体竖排	VS	白话精译 简体横排
	佛经文辞晦涩，多用繁体竖排版：读经门槛高。		经典原文搭配白话精译，既可直通经文，又可研习原典。
第三回合	经义玄奥 难尝法味	VS	专家注解 普利十方
	微言大义，法义幽微，没有明师指引难理解。		华人佛学界顶级专家精注精解，一通百通。

《中国佛学经典宝藏》目录

深入经藏，智慧如海。

本套佛学经典适合系统的修习、诵读和佛堂珍藏。

总序

星云

自读首楞严，从此不尝人间糟糠味；

认识华严经，方知已是佛法富贵人。

诚然，佛教三藏十二部经有如暗夜之灯炬、苦海之宝筏，为人生带来光明与幸福，古德这首诗偈可说一语道尽行者阅藏慕道、顶戴感恩的心情！可惜佛教经典因为卷帙浩瀚、古文艰涩，常使忙碌的现代人有义理远隔、望而生畏之憾，因此多少年来，我一直想编纂一套白话佛典，以使法雨均沾，普利十方。

一九九一年，这个心愿总算有了眉目。是年，佛光山在中国大陆广州市召开"白话佛经编纂会议"，将该套丛书定名为《中国佛教经典宝藏》①。后来几经集思广

---

① 编者注：《中国佛教经典宝藏》丛书，大陆出版时改为《中国佛学经典宝藏》丛书。

益，大家决定其所呈现的风格应该具备下列四项要点：

一、启发思想：全套《中国佛教经典宝藏》共计百余册，依大乘、小乘、禅、净、密等性质编号排序，所选经典均具三点特色：

1. 历史意义的深远性

2. 中国文化的影响性

3. 人间佛教的理念性

二、通顺易懂：每册书均设有原典、注释、译文等单元，其中文句铺排力求流畅通顺，遣词用字力求深入浅出，期使读者能一目了然，契入妙谛。

三、文简意赅：以专章解析每部经的全貌，并且搜罗重要的章句，介绍该经的精神所在，俾使读者对每部经义都能透彻了解，并且免于以偏概全之谬误。

四、雅俗共赏：《中国佛教经典宝藏》虽是白话佛典，但亦兼具通俗文艺与学术价值，以达到雅俗共赏、三根普被的效果，所以每册书均以题解、源流、解说等章节，阐述经文的时代背景、影响价值及在佛教历史和思想演变上的地位角色。

兹值佛光山开山三十周年，诸方贤圣齐来庆祝，历经五载、集二百余人心血结晶的百余册《中国佛教经典宝藏》也于此时隆重推出，可谓意义非凡，论其成就，则有四点可与大家共同分享：

一、**佛教史上的开创之举**：民国以来的白话佛经翻译虽然很多，但都是法师或居士个人的开示讲稿或零星的研究心得，由于缺乏整体性的计划，读者也不易窥探佛法之堂奥。有鉴于此，《中国佛教经典宝藏》丛书突破窠臼，将古来经律论中之重要著作，做有系统的整理，为佛典翻译史写下新页！

二、**杰出学者的集体创作**：《中国佛教经典宝藏》丛书结合中国大陆北京、南京各地名校的百位教授、学者通力撰稿，其中博士学位者占百分之八十，其他均拥有硕士学位，在当今出版界各种读物中难得一见。

三、**两岸佛学的交流互动**：《中国佛教经典宝藏》撰述大部分由大陆饱学能文之教授负责，并搜录台湾教界大德和居士们的论著，借此衔接两岸佛学，使有互动的因缘。编审部分则由台湾和大陆学有专精之学者从事，不仅对中国大陆研究佛学风气具有带动启发之作用，对于台海两岸佛学交流更是帮助良多。

四、**白话佛典的精华集萃**：《中国佛教经典宝藏》将佛典里具有思想性、启发性、教育性、人间性的章节做重点式的集萃整理，有别于坊间一般"照本翻译"的白话佛典，使读者能充分享受"深入经藏，智慧如海"的法喜。

今《中国佛教经典宝藏》付梓在即，吾欣然为之作序，并借此感谢慈惠、依空等人百忙之中，指导编修；吉广舆等人奔走两岸，穿针引线；以及王志远、赖永海等大陆教授的辛勤撰述；刘国香、陈慧剑等台湾学者的周详审核；满济、永应等"宝藏小组"人员的汇编印行。他们的同心协力，使得这项伟大的事业得以不负众望，功竟圆成！

《中国佛教经典宝藏》虽说是大家精心擘划、全力以赴的巨作，但经义深邃，实难尽备；法海浩瀚，亦恐有遗珠之憾；加以时代之动乱，文化之激荡，学者教授于契合佛心，或有差距之处。凡此失漏必然甚多，星云谨以愚诚，祈求诸方大德不吝指正，是所至祷。

一九九六年五月十六日于佛光山

原版序
敲门处处有人应

星云

　　《中国佛教经典宝藏》是佛光山继《佛光大藏经》之后，推展人间佛教的百册丛书，以将传统《大藏经》精华化、白话化、现代化为宗旨，力求佛经宝藏再现今世，以通俗亲切的面貌，温渥现代人的心灵。

　　佛光山开山三十年以来，家师星云上人致力推展人间佛教，不遗余力，各种文化、教育事业蓬勃创办，全世界弘法度化之道场应机兴建，蔚为中国现代佛教之新气象。这一套白话精华大藏经，亦是大师弘教传法的深心悲愿之一。从开始构想、擘划到广州会议落实，无不出自大师高瞻远瞩之眼光，从逐年组稿到编辑出版，幸赖大师无限关注支持，乃有这一套现代白话之大藏经问世。

　　这是一套多层次、多角度、全方位反映传统佛教文化的丛书，取其精华，舍其艰涩，希望既能将《大藏经》

深睿的奥义妙法再现今世，也能为现代人提供学佛求法的方便舟筏。我们祈望《中国佛教经典宝藏》具有四种功用：

一、是传统佛典的精华书

中国佛教典籍汗牛充栋，一套《大藏经》就有九千余卷，穷年皓首都研读不完，无从赈济现代人的枯槁心灵。《宝藏》希望是一滴浓缩的法水，既不失《大藏经》的法味，又能有稍浸即润的方便，所以选择了取精用弘的摘引方式，以舍弃庞杂的枝节。由于执笔学者各有不同的取舍角度，其间难免有所缺失，谨请十方仁者鉴谅。

二、是深入浅出的工具书

现代人离古愈远，愈缺乏解读古籍的能力，往往视《大藏经》为艰涩难懂之天书，明知其中有汪洋浩瀚之生命智慧，亦只能望洋兴叹，欲渡无舟。《宝藏》希望是一艘现代化的舟筏，以通俗浅显的白话文字，提供读者遨游佛法义海的工具。应邀执笔的学者虽然多具佛学素养，但大陆对白话写作之领会角度不同，表达方式与台湾有相当差距，造成编写过程中对深厚佛学素养与流畅白话语言不易兼顾的困扰，两全为难。

三、是学佛入门的指引书

佛教经典有八万四千法门，门门可以深入，门门是无限宽广的证悟途径，可惜缺乏大众化的入门导览，不易寻觅捷径。《宝藏》希望是一支指引方向的路标，协助十方大众深入经藏，从先贤的智慧中汲取养分，成就无上的人生福泽。

四、是解深入密的参考书

佛陀遗教不仅是亚洲人民的精神归依，也是世界众生的心灵宝藏。可惜经文古奥，缺乏现代化传播，一旦庞大经藏沦为学术研究之训诂工具，佛教如何能扎根于民间？如何普济僧俗两众？我们希望《宝藏》是百粒芥子，稍稍显现一些须弥山的法相，使读者由浅入深，略窥三昧法要。各书对经藏之解读诠释角度或有不足，我们开拓白话经藏的心意却是虔诚的，若能引领读者进一步深研三藏教理，则是我们的衷心微愿。

大陆版序一

《中国佛教经典宝藏》是一套对主要佛教经典进行精选、注译、经义阐释、源流梳理、学术价值分析，并把它们翻译成现代白话文的大型佛学丛书，成书于二十世纪九十年代，由台湾佛光文化事业有限公司出版，星云大师担任总监修，由大陆的杜继文、方立天以及台湾的星云大师、圣严法师等两岸百余位知名学者、法师共同编撰完成。十几年来，这套丛书在两岸的学术界和佛教界产生了巨大的影响，对研究、弘扬作为中国传统文化重要组成部分的佛教文化，推动两岸的文化学术交流发挥了十分重要的作用。

《中国佛学经典宝藏》则是《中国佛教经典宝藏》的简体字修订版。之所以要出版这套丛书，主要基于以下的考虑：

首先，佛教有三藏十二部经、八万四千法门，典籍浩瀚，博大精深，即便是专业研究者，穷其一生之精力，恐也难阅尽所有经典，因此之故，有"精选"之举。

其次，佛教源于印度，汉传佛教的经论多译自梵语；加之，代有译人，版本众多，或随音，或意译，同一经文，往往表述各异。究竟哪一种版本更契合读者根机？哪一个注疏对读者理解经论大意更有助益？编撰者除了标明所依据版本外，对各部经论之版本和注疏源流也进行了系统的梳理。

再次，佛典名相繁复，义理艰深，即便识得其文其字，文字背后的义理，诚非一望便知。为此，注译者特地对诸多冷僻文字和艰涩名相，进行了力所能及的注解和阐析，并把所选经文全部翻译成现代汉语。希望这些注译，能成为修习者得月之手指、渡河之舟楫。

最后，研习经论，旨在借教悟宗、识义得意。为了将其思想义理和现当代价值揭示出来，编撰者对各部经论的篇章品目、思想脉络、义理蕴涵、学术价值等所做的发掘和剖析，真可谓殚精竭虑、苦心孤诣！当然，佛理幽深，欲入其堂奥、得其真义，诚非易事！我们不敢奢求对于各部经论的解读都能鞭辟入里，字字珠玑，但希望能对读者的理解经义有所启迪！

习近平主席最近指出："佛教产生于古代印度，但传入中国后，经过长期演化，佛教同中国儒家文化和道家文化融合发展，最终形成了具有中国特色的佛教文化，给中国人的宗教信仰、哲学观念、文学艺术、礼仪习俗等留下了深刻影响。"如何去研究、传承和弘扬优秀佛教文化，是摆在我们面前的一个重要课题，人民东方出版传媒有限公司拟对繁体字版的《中国佛教经典宝藏》进行修订，并出版简体字版的《中国佛学经典宝藏》，随喜赞叹，寥寄数语，以叙因缘，是为序。

二〇一六年春于南京大学

大陆版序二

依空

　　身材高大、肤色白皙、擅长军事的亚利安人，在公元前四千五百多年从中亚攻入西北印度，把当地土著征服之后，为了彻底统治这里的人民，建立了牢不可破的种姓制度，创造了无数的神祇，主要有创造神梵天、破坏神湿婆、保护神毗婆奴。人们的祸福由梵天决定，为了取悦梵天大神，需要透过婆罗门来沟通，因为他们是从梵天的口舌之中生出，懂得梵天的语言——繁复深奥的梵文，婆罗门阶级是宗教祭祀师，负责教育，更掌控了神与人之间往来的话语权。四种姓中最重要的是刹帝利，举凡国家的政治、经济、军事、文化等等都由他们实际操作，属贵族阶级，由梵天的胸部生出。吠舍则是士农工商的平民百姓，由梵天的膝盖以上生出。首陀罗则是被踩在梵天脚下的土著。前三者可以轮回，纵然几世轮转都无法脱离原来种姓，称为再生族；首陀罗则连轮回的因缘都没有，为不生族，生生世世为首陀罗，子孙也倒霉跟着宿命，无法改变身份。相对于此，贱民比首陀罗更为卑微、低贱，连四种姓都无法跻身其中，只能从事挑粪、焚化尸体等最卑贱、龌龊的工作。

出身于高贵种姓释迦族的悉达多太子，为了打破种姓制度的桎梏，舍弃既有的优越族姓，主张一切众生皆平等，成正等觉，创立了佛教僧团。为了贯彻佛教的平等思想，佛陀不仅先度首陀罗身份的优婆离出家，后度释迦族的七王子，先入山门为师兄，树立僧团伦理制度。佛陀更严禁弟子们用贵族的语言——梵文宣讲佛法，而以人民容易理解的地方口语来演说法义，这就是巴利文经典的滥觞。佛陀认为真理不应该是属于少数贵族、知识分子的专利或装饰，而应该更贴近普罗大众，属于平民百姓共有共知。原来佛陀早就在推动佛法的普遍化、大众化、白话化的伟大工作。

佛教从西汉哀帝末年传入中国，历经东汉、魏晋南北朝、隋唐的漫长艰巨的译经过程，加上历代各宗派祖师的著作，积累了庞博浩瀚的汉传佛教典籍。这些经论义理深奥隐晦，加以书写的语言文字为千年以前的古汉文，增加现代人阅读的困难，只能望着汗牛充栋的三藏十二部扼腕慨叹，裹足不前。

如何让大众轻松深入佛法大海，直探佛陀本怀？佛光山开山宗长星云大师乃发起编纂《中国佛教经典宝藏》。一九九一年，先在大陆广州召开"白话佛经编纂会议"，订定一百本的经论种类、编写体例、字数等事项，礼聘中国社科院的王志远教授、南京大学的赖永海教授分别为中国大陆北方与南方的总联络人，邀请大陆各大学的佛教学者撰文，后来增加台湾部分的三十二本，是为一百三十二册的《中国佛教经典宝藏精选白话版》，于一九九七年，作为佛光山开山三十周年的献礼，隆重出版。

六七年间我个人参与最初的筹划，多次奔波往来于大陆与台湾，小心谨慎带回作者原稿，印刷出版、营销推广。看到它成为佛教徒家中的传家宝藏，有心了解佛学的莘莘学子的入门指南书，为星云大师监修此部宝藏的愿心深感赞叹，既上契佛陀"佛法不舍一众"的慈悲本怀，更下启人间佛教"普世益人"的平等精神。尤其可喜者，欣闻现大陆出版方东方出版社潘少平总裁、彭明哲副总编亲自担纲筹划，组织资深编辑精校精勘；更有旅美企业家鲁彼德先生事业有成之际，秉"十方来，十方去，共成十方事"之襟怀，促成简体字版《中国佛学经典宝藏》的刊行。今付梓在即，是为序，以表随喜祝贺之忱！

二〇一六年元月

目　录

题

解

《坛经》是惠能大师的言行录

　　《坛经》是唐代高僧惠能大师的言行录。一般说来，佛教典籍之中，只有佛的言行录才可以称为经。其中只有一个例外，那就是记载惠能大师言行的这部《坛经》。一位中国高僧，其言行得以称为经，并为大家所接受，本身就说明了这部经的价值及其特殊地位。

　　《坛经》由于版本众多，名字也就不止一个，《六祖大师法宝坛经》是众多名称之一。有的版本，名称非常长。如近代发现的敦煌写本《坛经》，全名为《南宗顿教最上大乘摩诃般若波罗蜜经六祖惠能大师于韶州大梵寺施法坛经》，共三十二字。不过在一般情况下，大家都简称其为《坛经》。

《坛经》教人自见本心本性，自己成就佛道

《坛经》有多种版本，我们这个译本所依据的底本，是元代高僧宗宝所编定的本子，俗称宗宝本。宗宝本《坛经》共有十品，即十章，其内容大体如下：

《行由》第一。惠能大师在大梵寺说法，首先讲述了自己的身世。"行由"，即惠能大师的行踪、来由。末尾指出，惠能大师所说，是五祖弘忍传下的"东山法门"。东山法门所说，是先圣递相传授的"顿教"；顿教所说的佛法，是"不二之法"。不二之法的要点，则如惠能大师在叙述身世之前就开宗明义指出的："菩提自性，本来清净；但用此心，直了成佛。"

《般若》第二。惠能大师继续在大梵寺说法，主要讲解"摩诃般若波罗蜜多"。其中特别指出，空，不是一无所有，而是如世界虚空，包含一切；般若之智，人人具有。成佛，要靠自悟。

《疑问》第三。惠能大师回答听讲者韦刺史等人的疑问，其中着重强调，求福田不是功德；指出西方净土就在自己心里。

《定慧》第四。惠能大师解释什么是"定慧"。其中

特别强调定慧一体，就像灯和光，无先后可分。本品还提出禅宗修持定慧的三大命题："无念为宗，无相为体，无住为本。"

《坐禅》第五。惠能大师讲解什么叫坐禅。其中指出，坐禅不是指身体不动，而是"心念不起""自性不动"。特别强调要"自见本性清净"。

《忏悔》第六。惠能大师在曹溪向云集山中的四方士庶说法，主要讲解什么叫忏悔。说忏是忏以前的罪业，使它们永不再起；悔是悔以后将犯的过错，使它们永不发生。这一品中，惠能大师还带领听众，发四弘愿，要求听者皈依自性三宝。

《机缘》第七。惠能大师在曹溪山中与前来拜师学道者的对话。这些拜师学道者有法海、法达、智通、智常、志道、怀让、玄觉、智隍、方辩等。他们后来都成了著名禅师。

《顿渐》第八。惠能大师与来自神秀门下的僧人志诚、神会的对话。二人经惠能大师教导，都成为南宗的著名传人。其中还记述了北宗僧人派张行昌刺杀惠能，惠能又如何教化行昌的过程。

《宣诏》第九。武则天、唐中宗宣召惠能进京，惠能托病不去。朝廷下诏褒奖惠能。

第八、第九两品还特别强调，神秀、惠能二位大师并不互相敌视。惠能强调佛法只是一种，无顿渐之分；只有人的悟性有快有慢。神秀大师推崇惠能，并向朝廷推荐。

《付嘱》第十。惠能大师圆寂前对弟子们的嘱付。他要求弟子们在说法时要运用"对法"，才能不失本宗宗旨。他向弟子们叙述了从释迦佛到惠能的三十三代传法世系，并表示衣钵不再向下传授。这一品还叙述了惠能大师灭度前的其他一些安排，以及惠能大师遗骸的安葬情况。

若依据说法的场合，又可分为：

大梵寺说法。包括第一品《行由》、第二品《般若》、第三品《疑问》。第四品《定慧》、第五品《坐禅》虽未指明说法地点，但在其他版本中，多归于大梵寺说法，可视为大梵寺说法的组成部分。

曹溪山中说法及与弟子们的问答。包括：第六品《忏悔》、第七品《机缘》、第八品《顿渐》。第九品《宣诏》，主要内容是惠能回答皇帝使者薛简的提问，也可视为曹溪山中说法的组成部分。

临终前付嘱说法，载于第十品《付嘱》。

各种版本编排不尽一致，但依据说法场合，都可大体分为以上三个部分。

若论内容，则一部《坛经》，都是在教人如何成佛。有人把《坛经》宗旨概括为"识心见性，自成佛道"八个字。若摘取《坛经》原话表明上述宗旨，则是"自见本心，自成佛道"。

以这个宗旨为中心，《坛经》对佛教的诸多基本问题，都做出了自己的独特理解。下面我们分几个部分，分别阐述《坛经》的基本思想。

人人都有佛性

人人都有佛性不是禅宗新提出来的命题，但《坛经》把它作为立论的基础，并特别地加以强调。

惠能初见五祖时，五祖说他是岭南人，又是"獦獠"，怎么能够做佛？惠能回答说："人虽有南北，佛性并无南北。獦獠身份与和尚不同，佛性有什么差别？"既然"獦獠"有与和尚同样的佛性，当然就有成佛的可能。

此后惠能在说法中还反复强调，无论愚人还是智人，佛性都没有差别。只是由于迷和悟的不同，才分出了愚人和智人。因此，愚人只要觉悟，也就和智人没有差别。

《坛经》还多次指出，有情众生皆有佛种。佛种，就是成佛的种子，也就是佛性。只有无情之物才没有佛种，也就是没有佛性。临终付嘱时，惠能还对弟子们说，他的说法，就像普遍滋润大地的及时雨，弟子们的佛性，好像种子。种子遇到这及时雨的滋润，都要生芽。假如能遵照他的指示修行，就一定能像花种遇雨萌发，又自然长成果实一样，获得菩提，证成妙果、正果。

依有情皆有佛性，或《大般涅槃经》中"一切众生皆有佛性"说，不仅人人，而且人之外的禽兽、畜生，都有佛性。然而在实际上，《坛经》的主张，仅到人人都有佛性为止，至少是没有着重指明，人以外的有情众生都有佛性。至于再进一步，认为无情众生也有佛性，甚至认为有情众生无佛性，无情众生才有佛性，则还未见于《坛经》，当是惠能以后才产生的思想。

那么，这人人皆有的佛性，是什么性质，具有什么作用呢？

五祖弘忍夜半三更对惠能秘密说完《金刚经》以后，惠能立刻悟到，原来一切万法，不离自我本性。他随即对五祖说了五句话："何期自性本来清净！何期自性不生不灭！何期自性本来具有一切！何期自性本来无动无摇！何期自性能生一切万法！"本来清净、不生不灭、具有一切、无动无摇、能生一切万法，就是惠能对人人皆有的佛性的性质、作用所作的描述，其中又以佛性本来清净最为惠能所强调，下文就先说自性本来清净。

自性本来清净

自性本来是清净的，就像日月一样，永远明朗，只是由于妄念，才遮盖了清净的本性，就像浮云遮蔽了日月的光明。这时需要一阵大风吹散浮云，人也需要用般若智慧打破妄念、烦恼，使清净的本性现出光明。这般若不是别的什么，而是人的智慧心。这智慧心，是本性中就具有的。

因此，所谓觉悟，就是消除妄念，消除妄念就见到本来清净的自性。这本来清净的佛性就是佛，见到佛性，就是见到佛。

妄念的产生，是由于执着，或着境，或着相，或着净，或着空，任何执着都是产生妄念的根源。因此，要消除妄念，首先要消除执着，消除执着的原则可归结为三条，即"无念为宗，无相为体，无住为本"。

无念，就是心里虽然兴起许多念头，但这念头是从自性而生，不是因境而生，所以虽然念头产生，却并不执着这些念头。不是因境而生，也就是心不被染污，心脱离了一切境，保持了自性的清净。但无念不是"百物不思"，即什么也不想。什么也不想就使念头断绝，一个念头断绝就是死，就要到别处重新获得生命。在《坛经》看来，把无念理解为什么也不想，乃是极大的错误。这样做，就是把人变成了死人，变成了木石。

无住，就是不停。一切法都在运动、变化，不会停止，人不应该把这运动、变化链条上的某一点看作固定不变的，这就是无住。对无住的阐述，敦煌本与宗宝本有所不同。敦煌本说：

无住者，为人本性，念念不住。前念念念，后念念念，相续无有断绝。[①]若一念断绝，法身即（是）离色身。念念时中，于一切法上无住。一念若住，念念即住，名系缚。于一切法上念念不住，即无缚也。

依敦煌本，则无住的意思有二：一是念念相续不断；二是于一切法上无住，即不停止于任何法上。这第二点，类似于无执着。

宗宝本的阐述有所不同。该本对无住的解释是：念念之中，不思前境。若前念、今念、后念，念念相续不断，名为系缚。于诸法上念念不住，即无缚也。

敦煌本说，念念相续不断是无住，断为系缚，即有住。宗宝本则说念念相续不断是系缚，因而是有住。这主要是由于宗宝本把无住理解为"不思前境"。因此，他说的念念不断，是内容的相续。若后念仍思前境，就是前念内容留到了后念，因而是住。敦煌本则强调的是不要有百物不思、什么也不想的时候，不要让念头断绝。二本侧重不同，但大义无妨。宗宝本不否认敦煌本的解释，但加上一条"不思前境"。所谓"不思前境"，就是把过去自己所经历的那些人世间的善恶美丑、冤仇和亲爱，自己所受到的言语的冒犯、欺骗、争夺等等一切凌辱，都放在脑后，不要去想它们，把它们全部忘掉，就当它们没有发生，不要处心积虑、日思夜想地寻求报复。这就是无住。

无相，就是"外离一切相"。这一点，各本的解释大体相同。离相，就是不着相，不着相就不被染污，因而保持了法体的清净。

无念、无相、无住，这三条原则，目的只有一个，就是保持这自性的清净。

自性本来具足

"本来具足"，就是本来具有一切。《坛经》解释"摩诃般若波罗蜜多"道：摩诃是大，大就是心量广大，就像虚空，含容着一切。日月星辰、山河大地、有情无情、善恶美丑、天堂地狱、草木丛林、一切大海、须弥诸山，全都包含在虚空之中。虚空对于它所包含的一切，不取也不舍。自性就像虚空一样，也包含着一切，无论是善人恶人、美事丑事。自性对待它所包含的一切，也应该是不取不舍。这就是大，也就是空。这样，惠能对自性本来具足的解释，同时也是对空的一种解释。依这种解释，则自性的空不是一无所有，而是包含一切。如把自性的空当成一无所有，因而就去清除心中的一切念头，使百物不思，一念不起，那就是"无记空"。在《坛经》看来，"无记空"并非真正的空，而是一种妄见、妄执。

如此说来，则自性的清净又可以说是非常的不净，因为它包含着一切，甚至包含着恶。由此看来，《坛经》所说自性的清净，也不是脱离一切万法的净。它的净，也应该只是对万法不取不舍，不染不着。

自性能生万法，一切万法都是自性所生。《坛经》认为，自性也就是八识中的含藏识，经过第七识，转生前六识，六识出六门，见六尘，因此，十八界，都是自性所生。自性正，就生十八正；自性邪，就生十八邪。正邪善恶，全在于一念之间。因此，凡夫就是佛，烦恼就是菩提。前一个念头迷就是凡夫，后一个念头悟就是佛；前一个念头着境就是烦恼，后一个念头离境就是菩提。

天堂、地狱，做佛还是做畜生，全在于一念之间。慈悲、施舍、清净、平直，就是释迦、弥陀、观音、势至；虚妄、贪欲、烦恼、愚痴，就是畜生、鱼鳖。常行十善，就是天堂；常行十恶，就是地狱。这一切，都是自性所生。

自性不生不灭。《坛经》认为，外道也说不生不灭，但外道所说的不生不灭是先承认有生，然后用灭去使生停止。这样用生去显示灭，灭也就永远不灭。因为只要存在着生，就永远有灭；有灭，就说明生仍然存在。灭，并没有灭掉生。《坛经》说的不生不灭，是本来没有生，也就无所谓灭。也就是说，自性是永恒存在的，它可以产生一切，但它自身却不由谁产生；一切都可以消灭，它自己却依然如故。这样，涅槃寂静就不是要灭掉什么，而是要保持这清净的心体。

这本来清净、不生不灭、含容一切又能生万法的自性，也就是佛。

自性是佛

在《坛经》中，清净的自性不仅是成佛的种子，而且本身就是佛。只要用智慧打破迷悟，就顿见佛性，立即成佛。这就是《坛经》主张的顿教，顿悟成佛。

自性是佛，佛就在自己心中，它不在身外，也不在西方，无须往生西方。东方人造罪，请求往生西方；西方人造罪，又请求往生哪里？因此，《坛经》认为，所谓西方净土，就在自己心里。只要心里慈悲、善良，西方就离自己不远；如果怀着不善之心，无论怎样念阿弥陀佛，请求往生，也都难以到达。假如说西方净土离自己有十万八千里，在《坛经》看来，这就是自己身中的十恶八邪。因此，除去十恶，就是走了十万里；再除去八邪，就是又走了八千。只要心里清净，就是到了西方，到了天堂，成了佛。

要成佛，不必往生西方，也不必非出家不可，在家照样也可修行，关键在于心里是否清净。在家心里清净，照样可以成佛；出家心里不净，也只能是个凡夫。在家若能孝养父母，使上下尊卑都能相互关心，和睦相处，在日用之间，就可成就佛道。

所谓佛的三身，也都是自性变现。自性清净，万法在自性中，从自性生。自性就是法身，就是清净法身佛。皈依佛，就是皈依自性，自己悟得自性。皈依的途径，就是自己除去自性中的一切妄想、恶念，譬如嫉妒、骄傲、自私、偏见、欺诈等等心思，全都除去，就是皈依自性，皈依佛。这个佛才是真佛。皈依真佛，就会内外明彻，一切万法都会在自性中显现。

自性不染善恶，就是圆满报身佛。如果起一个恶念，积累的善行就全部消灭；起一个善念，也会使所有的恶消灭。念念都能自见本性，就念念见到真佛，这就是圆满报身佛。千百亿化身佛，也是自性所作。思量什么，就化为什么。思量善事，就化为天堂；思量恶事，就化为地狱。心里慈悲，就化为菩萨；心里险毒，就化为龙蛇。这就是千百亿化身佛。

至于佛家三宝，也在自己心里。佛就是觉，觉是心里觉。法是正，正是心里正。僧就是净，净是心里净。因此，皈依三宝，也就是皈依自己的心，皈依自性。

无论是三宝还是三身，都在自己心里，那么，要求佛，也就只能向自己心里去求，不可向身外寻求。向身外寻求，比如向西方寻求，那是永远也找不到的。

禅宗的最大特色，可说就是把以前的身外寻佛变为心内寻佛，并宣布所有向身外觅佛的行为都是迷误，从而在修行方式上也发生了根本变革。

自修自悟，识心见性

佛在自己心里，它就是自性，那么，只要识心见性，就可成佛。心是自己本心，性是自己本性，见自己本心、本性，只能依靠自己，自己修行，自己觉悟，自己超度自己。即使别人给自己指示了一条正路，至于悟与不悟，归根结底，还要靠自己。反过来说，只要自己觉悟，除却迷妄，就一定可以见性成佛。由此出发，《坛经》回答了有关修持的种种问题，这主要是坐禅、戒定慧、忏悔、诵经、修福与修道等等问题。下面将分别加以说明。

坐禅

禅宗不主张枯木的坐禅来获取定慧，因为他们对坐禅有自己的独特理解。

一般的坐禅有两条基本要求：一是身体静坐不动；二是心里清除杂念，或专注一境，或百物不思，使心里清净。在《坛经》看来，这两条要求都是一种迷误。

《坛经》认为，色身是舍宅，不存在成佛的问题，要求色身静坐不动，是没有意义的："一具臭骨头，何为立功课？"给这作为舍宅的色身规定许多修持项目，对成佛没有任何帮助。

对《坛经》来说，真正的不动，是自性不动，也就是惠能在听完五祖弘忍说《金刚经》以后，说的自性不动不摇。自性不动的意义，就是见一切人，但不见人的是非善恶。对于外界的一切是非善恶，都能无动于心，一念不起，这就是真正的不动，也就是坐禅的坐。禅，就是外面离相，内见自性，这样外不着相，自性就不被染污，也不被扰乱，因而清净安定。使自性清净安定，也就是禅定。

因此，《坛经》所说的坐禅，归根结底，也是见自性，而不是身体静坐不动。这样，行住坐卧之间，就都可以坐禅，只要心不着境，不着相。惠能评论北宗的静坐说："生来坐不卧，死去卧不坐。"也是指明，身体的坐卧，与禅定并无什么关系，因为禅定是心的功课。

《坛经》还进一步指出，禅的意思是心不着相，但也不能着净。如果立下一个净的目标，一心向这个目标努力，排除妄念，甚至一念不起，认为这样就做到了净，其实这是一种净妄。因为人性本净，只要没有妄想，本性就自然清净。净无形，也无相。把净作为目标来追求，就是自己建立了净相，着净也同样是着相，因而是妄，是被净所束缚。

《坛经》还批评北宗的"住心观静"，认为这"住心观静"是一种病，而不是禅，和上面所说的着净，是同一种错误。

戒定慧

戒定慧，也是佛教修持的基本内容。一般认为，定与慧，意义不同，修持方法，自然也就不同。《坛经》特别反对把定慧加以区别，而主张定慧体一不二。定与慧，是体与用的关系。定是慧之体，慧是定之用。当慧的时候，定就在慧中；当定的时候，慧就在定中。二者的关系，就像灯与光的关系。灯是光之体，光是灯之用。有灯就有光，有光也就有灯。二者虽是两个名称，却只是一个东西。定和慧，也只是名称不同，认为它们可以分开，说什么先定发慧或先慧发定，就是二相，这样的见解，乃是一种迷误。

《坛经》中，还把惠能的戒定慧和神秀的戒定慧对立起来。依《坛经》所说，神秀的戒定慧是：诸恶不作，诸善奉行，自净其意。惠能的戒定慧是：心地无非、心地无痴、心地无乱。可以看出，这里所说的神秀的戒定慧，着眼点仍然是人的行动，是人行为的外在表现。惠能的戒定慧，着眼点则是人的内心。所谓"心生种种法生，心灭种种法灭"，心地无非，自然就诸恶不作；心地无痴，自然就诸善奉行；心地无乱，其意自然清净。两下相比，惠能的戒定慧，可说是抓住根本；神秀的戒定慧，可说是只得其枝叶。当然，神秀的戒定慧是否果然如此，需要研究，但《坛经》借此阐明惠能对戒定慧的看法，却清楚明白。

《坛经》说法，处处不离自性，戒定慧也是如此。所谓戒定慧，是自性的戒定慧。心地无非、无痴、无乱，自性就做到了戒定慧。因为自性本来清净，戒定慧不是它后来获得的性质，所以说它无所得也可。既然无所获得，不立戒定慧的名义也是一样。戒定慧名可以不立，那么菩提涅槃、解脱知见等等名义，也都可以不立，因为它们都不是自性所得到的，而是自性的本来面目。它们没有给自性附加任何性质，不过是对自性清净的不同表述。所谓名称虽然不同，本体只有一个。不要、不立这些名称，对本体没有丝毫妨碍。

不立这些名称，对本体没有妨碍；立了这些名称，对本体也无妨碍。只要不执着，那就来去自在，无滞无碍。

忏悔

忏悔，也是修行的重要内容。依《坛经》解释，忏是对以前的罪业而说，表示懊悔、改过，永不再犯；而悔则是对今后而言，决心此后不再造作恶业等等。《坛经》批评愚迷之人，只知忏其前罪，不知悔以后的过错。这样的忏悔，使前罪不灭，后过又生。在《坛经》看来，这简直算不得忏悔。

忏悔的内容，就是超度自己心中的众生，断绝心中的烦恼，学自性法门，成就无上佛道。这一切归结为一句话，就是用般若智慧打破自己心中的愚迷众生，或者说，用正见破除一切邪见，见自性，行正法，见佛性，成就佛道。这样，忏悔和坐禅、修戒定慧一样，都是一个用正见破除邪见，悟得自性的过程。这些修持方法，也是名虽不同，内容无别。

诵经

《坛经》中说，惠能不识字，但能理解一切经意。他没有读过《涅槃经》，但听无尽藏读一遍，就可以进行解说。惠能也没读过《法华经》，但听法达读了一遍，就可以说出《法华经》的大意。在《坛经》看来，一切文字，大乘小乘所有的十二部经，都是因人设置的，都是由于人的智慧本性，才能建立。这十二部经，都是人性中本来具有的，假若能够自见本性，自然可以通晓一切。因此，要见性成佛，诵经不是最必要的。如果诵经只能随文解义，甚至以诵经多而自傲，那么，诵经不但无助于见性成佛，还会成为见性成佛的障碍。所以法达自恃诵经多，遭到了惠能的批评。禅宗不执着对经典表相的义解，此在《坛经》中也得到了明确反映。

禅宗不重视读经，但也不反对读经。经，毕竟是佛心的一种表现。若能通过读经，领会佛法大义，那么，读经也可成为见性成佛的帮助。这叫作"迷悟在人，损益由己"。读经和一切修持一样，可使人悟，也可使人迷；可以对见性有益，也可对见性有损。

《坛经》把迷悟、损益的权利完全交给了修行者自己，同时也就把如何理解经义的权利交给了修行者自己。这样，修行者完全可以把经文作为自己所理解的佛法的注脚。这就是所谓"心迷《法华》转，心悟转《法华》"。这种被经转和转经的情况不只限于《法华经》，而是包括全部佛教经典。《坛经》中，也就出现了一个惠能转《涅槃经》的例子。依照《涅槃经》，佛性是常，诸法是无常。但惠能说，佛性是无常，诸法是常。行昌说他大违经文。但惠能说，他虽大违经文，却完全合乎经义。而行昌的理解，反倒是"依言背义"。经惠能解说，行昌也豁然开悟。

　　不重视读经，又不废除读经；不拘泥于经文，而注重理解经义，这是《坛经》中关于读经的基本主张。这个主张，对此后中国文化的发展，曾产生了重要的影响。

修福与修道

　　上述四个方面，都是佛教修行的重要内容。在这些方面，禅宗都有自己的特点，同时也在每一方面和传统的修行方式对立。这些对立归到一点，也就是修福和修道的对立。

　　传统佛教的修行方式有许多种，有建寺、建塔、斋僧、布施、念佛、诵经、坐禅等等，其目的也都在积功累德，以求最后成佛。但在《坛经》看来，这些都是求福田的行为，并不能成佛。求福田可修得来世幸福，但不能根本脱离生死苦海。所以五祖弘忍在传法之前就告诫弟子们，不要只求福田而不求脱离生死苦海。惠能在回答韦刺史的疑问时也指出，梁武帝造寺、度僧等等行为只是求福，所以没有功德。在第六品《忏悔》中，惠能有一首"无相颂"，再次把修福和修道对立起来。其中说道，布施、供养，可以修来无边之福，但却并没有灭罪。福虽得来了，罪仍然在，所以不能脱离生死苦海。因为按佛教的说法，罪业是心造的，除罪也必须由心来除。若心里没有除去造业的因缘，罪业照样会继续产生。所以，要根本除罪，脱离生死苦海，就必须从心里永远断绝造业的可能。

造罪是造业，求福也是造业，它是一种追求，一种欲望，归根到底，也是一种贪。如果把积功德当作追求的目标，那么，设一个目标就产生一个执着，同样是一种贪欲，一种需要破除的东西。

《坛经》看到这样的修行所带来的危害，尤其注意到这样的修行也是一种妄见，所以常常指明，修道的结果，是一无所得，只是让那自性显现，除去那遮蔽自性的浮云，使自性像日月一样，永放光明。从这个意义上也可以说，《坛经》所批评的外道，修行是想得到什么；而禅宗，修行的结果却只有失去，失去那些邪见、妄念，只留下那本来清净的自性。

宗宝本《坛经》是明代以来最流行的版本

最后谈谈本书何以采用宗宝本为底本的问题。

现在所能见到的《坛经》版本，约有二十来种。这些版本可分为三大系统：

1. 敦煌本系统

迄今可见，属于这个系统的《坛经》版本共有五种：

敦煌斯坦因本

敦煌博物馆本（敦博本）

北京图书馆藏敦煌写本残卷（姑称敦北本）

旅顺博物馆藏写本（仅存开头百余字，姑称敦旅本）

西夏文本（经翻译，知其属于敦煌本系统）

这几个本子，字句大致相同，其全本字数也无大出入，属于一个系统，约一万二千字。

2. 惠昕本系统

属于这个系统的，有四个本子：

日本兴圣寺本

日本真福寺本

日本金山天宁寺本

日本大乘寺本

这四种版本文字基本相同，是北宋高僧惠昕根据一个文字比较繁多的古本删略而成，约有一万四千字。

3. 古本——宗宝本系统

这个系统又可分为三类。宗宝本为一类，迄今可见者，如各种单行本：

日本《大正藏》本

《房山石经》本

《嘉兴藏》本

明《北藏》本

明《南藏》本

第二类为德异本，多存于朝鲜；第三类为曹溪古本。这类本子约有二万余字，其内容也相差不多，属于一个系统。有人认为，所谓曹溪古本，也就是德异本。

有些学者认为，现在所能见到的《坛经》版本，以敦煌本年代最早，字数最少，当是惠能思想的实录，至少是最接近惠能思想的实录。其他本子，都是在敦煌本的基础上增补而成的，并且越往后来，增补越多。特别是宗宝本，增补最多。那些增补的内容，都不能算惠能的思想，不能算《坛经》的内容。

这种说法流行甚广，被众多学者所接受，而实际上却难以成立。据北宋惠昕说，他那一万四千余字的本子，是根据一个文字繁多的古本删略而成。后来，契嵩、德异都曾自称发现了古本。德异所发现的古本也就是至今可见的德异本。有的学者认为，这个古本可能就是惠昕据以删略的古本。而这古本的内容和宗宝本内容实相差不远。

也就是说，宗宝本中的那些内容，曾在宋初或更早的时期，已作为《坛经》内容和敦煌本一起流行。敦煌本只可说是迄今可见的最早版本，却不能说它是最早流行的版本。敦煌本流行的区域，仅限于偏远地区。而且至少从宋代开始，就再也没发现它流传的踪迹。只是在二十世纪二十年代，这种版本才重新被发现。而在这数百年中，在中国及亚洲的许多国家中影响最大的其实是宗宝本，这样，我们就不应该以敦煌本代替宗宝本的地位。所以我们这个译本，就仍以宗宝本为底本。

这个本子的编订者宗宝，只是根据署名，知道他是风幡报恩光孝禅寺的住持。这个禅寺，也就是惠能刚出山时，听印宗法师说法、作风幡之辩的那个禅寺，当时称为法性寺。此外再无其他关于宗宝事迹的资料。

注释：

①铃木校作"前念、今念、后念，念念相续，无有断绝"。

经典

1　行由第一

原典

时，大师至宝林①，韶州韦刺史（名璩）②与官僚入山，请师出于城中大梵寺讲堂，为众开缘说法。

师升座次，刺史官僚三十余人，儒宗学士三十余人，僧尼道俗一千余人，同时作礼，愿闻法要。

大师告众曰：善知识！③菩提自性，本来清净，但用此心，直了成佛。④

善知识！且听惠能行由、得法事意。

惠能严父，本贯范阳⑤，左降流于岭南，作新州⑥百姓。此身不幸，父又早亡，老母孤遗，移来南海⑦。艰辛贫乏，于市卖柴。

时，有一客买柴，使令送至客店。客收去，惠能得钱，却出门外，见一客诵经。惠能一闻经语，心即开悟。遂问客诵何经？客曰:《金刚经》。复问从何所来，持此经典？客云：我从蕲州黄梅县东禅寺[8]来，其寺是五祖忍大师[9]在彼主化，门人一千有余。我到彼中礼拜，听受此经。大师常劝僧俗，但持《金刚经》，即自见性[10]，直了成佛。惠能闻说，宿昔有缘，乃蒙一客取银十两与惠能，令充老母衣粮，教便往黄梅参礼五祖。

惠能安置母毕，即便辞违。不经三十余日，便至黄梅，礼拜五祖。

祖问曰:"汝何方人？欲求何物？"

惠能对曰:"弟子是岭南新州百姓，远来礼师，唯求作佛，不求余物。"

祖言:"汝是岭南人，又是獦獠[11]，若为堪作佛？"

惠能曰:"人虽有南北，佛性本无南北。獦獠身与和尚不同，佛性有何差别？"

五祖更欲与语，且见徒众总在左右，乃令随众作务。

惠能曰:"惠能启和尚，弟子自心常生智慧，不离自性，即是福田。未审和尚教作何务？"

祖云:"这獦獠根性大利。汝更无言，着槽厂去！"

惠能退至后院，有一行者，差惠能破柴、踏碓，经八月余。

祖一日忽见惠能曰:"吾思汝之见可用，恐有恶人害汝，遂不与汝言，汝知之否？"

惠能曰："弟子亦知师意，不敢行至堂前，令人不觉。"

注释

①宝林：即宝林寺。

②原本为小字，今加圆括号以示区别，下同。

③善知识：深通佛法的人，《坛经》中多次用于对听讲者的恭称。

④菩提自性……直了成佛：这是惠能所说佛法的纲领和要义。即人人都有菩提、般若的本性，称"自性"。自性是清净的，未被染污甚至也不会被染污的。只要用心去领悟这一点，悟得自己本性本来清净，就会立即成佛，这就是所谓顿教法门。经中常常提到的"见性"，以及下文惠能教惠明认识自己本来面目等，也是同一个意思。

⑤本贯范阳：敦煌斯坦因本、敦博本《坛经》，均为"本官范阳"。从下文"左降"（即降职）看，作"本官范阳"才文从意顺。

《神会语录》说惠能"先祖范阳人"。其后王维的《六祖能禅师碑铭》说惠能"本贯范阳"。然而《坛经》中说惠能是"獦獠"，不像是对刚迁居南方的北方人的称呼。

唐朝仍重郡望，说惠能籍贯范阳，很可能是神会、王维的有意攀附。

范阳，原为汉代的涿郡，三国时改为范阳，直到北朝。隋朝废除范阳郡。惠能说法，在唐高宗时，所说范阳当指原范阳郡，即今河北涿州一带。约七十年后，唐玄宗天宝初年，以今北京市大兴、宛平一带为范阳郡。此时惠能已逝世数十年。郭朋《坛经校释》（中华书局，北京，公元一九八三年）说范阳为大兴、宛平，似不妥。

⑥**新州：**今广东新兴县。

⑦**南海：**今广东省佛山市一带。

⑧**东禅寺：**又名莲华寺，位于湖北省黄梅县西南一里之处的东山，即五祖弘忍以衣钵传与六祖惠能的地方。

⑨**忍大师：**即禅宗五祖弘忍。因弘忍在蕲州黄梅县（今湖北省黄梅县境内）东禅寺做住持，故又称弘忍为"黄梅"。

⑩**见性：**见自己本性。参阅本章注④。

⑪**獦獠：**郭朋注（参本章注⑤）认为是对南方携犬行猎的少数民族的侮辱性称呼。

译文

那时候，惠能大师到了宝林寺，韶州（辖境相当于今韶关市及曲江、乐昌、仁化等县地）刺史韦璩带着几个随从官僚进山，请惠能大师到韶州城中大梵寺讲堂，给大家讲说佛法。

惠能大师登上法座，刺史以及三十多位官僚、三十多位儒者、一千多位僧尼和世俗听众，一起向大师行礼，希望能够听到惠能大师宣讲的佛法要领。

惠能大师向众人宣讲道：善知识！人人所具有的菩提自性，本来是清净的，只要用心去领会这一点，就可以直接成佛。

善知识！请暂且听我惠能先讲一讲自己的行踪、来由，以及如何得到佛法的来龙去脉。

我的父亲，原籍范阳（今河北涿县一带），因为被降职流放才到了岭南，做新州（今广东新兴）的百姓。可怜我惠能，父亲又过早去世，留下老母与我孤苦伶仃，便迁到了南海（今广东佛山市一带）。艰难困苦，日子贫穷，我只好在市面上卖柴为生。

有一天，一个客人来买柴，让我给他送到客店里。我向客人交了柴，收了钱，就走出了门外，忽然看见一个人在那里诵经。惠能我一听经中的话，心里就豁然开悟。我问客人诵的是什么经？那人说是《金刚经》。我又问那人从哪里来？如何得到这部经？那人说，他从蕲州黄梅县（治所在今湖北黄梅县西北）东禅寺来，东禅寺的住持是弘忍大师，有弟子一千多人。他到那里参拜，听弘忍大师讲授这部经。他还说，弘忍大师常劝大家，无论僧人俗人，只需一部《金刚经》，就可以自见佛性，直接成佛。我听了他的话，就想去参拜五祖。也许是惠能我往昔与佛有缘，承蒙一个客人赠银十两，让我安排好老母衣食，就往黄梅参拜。

惠能我安顿好了母亲，就辞别上路。不过三十多天，就到了黄梅，参拜五祖。

五祖问我："你是什么地方人？来这里想要求什么？"

我回答说："弟子是岭南新州百姓，远道前来拜师，只求做佛，不要别的。"

五祖说："你是岭南人，又是'獦獠'，怎么能够做佛？"

我说："人虽有南北，佛性可不分南北。'獦獠'的身虽与和尚不同，但佛性有什么差别？"

五祖好像还要说些什么，只见许多弟子都随侍在旁边，于是就令我和大家一起干活去。

这时候，我又对五祖说："禀告和尚，弟子心里常常涌出智慧，不离自性，这就是福田。不知和尚还要我做些什么？"

五祖说："你这'獦獠'，根性太利。不要说了，到槽厂干活去！"

我退下，到了后院。有一个行者，指派我劈柴、踏碓，就这样过了八个多月。

有一天，五祖忽然来看我惠能，对我说："我寻思你的见解可用，只是怕有恶人加害于你，就不再和你说话了，你明白吗？"我说："弟子深知师父的用意，所以也不敢走到师父堂前，为的就是不被人察觉。"

原典

祖一日唤诸门人总来："吾向汝说，世人生死事大。汝等终日只求福田，不求出离生死苦海。自性若迷，福何可救？汝等各去，自看智慧，取自本心般若之性，各作一偈来呈吾看。若悟大意，付汝衣法，为第六代祖。火急速去，不得迟滞。思量即不中用。见性之人，言下须见。若如此者，轮刀上阵，亦得见之（喻利根者见机而作）。"

众得处分，退而递相谓曰："我等众人，不须澄心用意作偈。将呈和尚，有何所益？神秀上座现为教授师，必是他得。我辈谩作偈颂，枉用心力。"余人闻语，总皆息心，咸言："我等以后依止秀师，何烦作偈？"

神秀思维：诸人不呈偈者，为我与他为教授师，我须作偈，将呈和尚。若不呈偈，和尚如何知我心中见解深浅？我呈偈意，求法即善，觅祖即恶，却同凡心夺其圣位奚别？若不呈偈，终不得法。大难！大难！

　　五祖堂前，有步廊三间，拟请供奉卢珍画"楞伽经变相"及"五祖血脉图①"，流传供养。神秀作偈成已，数度欲呈，行至堂前，心中恍惚，遍身汗流，拟呈不得。前后经四日，一十三度，呈偈不得。秀乃思维：不如向廊下书着，从他和尚看见。忽若道好，即出礼拜，云是秀作；若道不堪，枉向山中数年，受人礼拜，更修何道？

　　是夜三更，不使人知，自执灯书偈于南廊壁间，呈心所见。偈曰：

　　　　身是菩提树，心如明镜台。

　　　　时时勤拂拭，勿使惹尘埃。

　　秀书偈了，便却归房，人总不知。秀复思维：五祖明日见偈欢喜，即我与法有缘；若言不堪，自是我迷，宿业障重，不合得法。圣意难测！房中思想，坐卧不安，直至五更。

　　祖已知神秀入门未得，不见自性。天明，祖唤卢供奉来，向南廊壁间绘画图像，忽见其偈，报言："供奉！却不用画，劳尔远来。经云：凡所有相，皆是虚妄。但留此偈，与人诵持。依此偈修，免堕恶道；依此偈修，有大利益。"令门人炷香礼敬，尽诵此偈，即得见性。门人诵偈，皆叹："善哉！"

祖三更唤秀入堂，问曰："偈是汝作否？"秀言："实是秀作，不敢妄求祖位，望和尚慈悲，看弟子有少智慧否？"祖曰："汝作此偈，未见本性，只到门外，未入门内。如此见解，觅无上菩提，了不可得。无上菩提，须得言下识自本心，见自本性，不生不灭。于一切时中，念念自见，万法无滞。一真一切真，万境自如如②。如如之心，即是真实。若如是见，即是无上菩提之自性也。汝且去，一两日思维，更作一偈，将来吾看。汝偈若入得门，付汝衣法。"

神秀作礼而出。又经数日，作偈不成。心中恍惚，神思不安，犹如梦中，行坐不乐。

注释

①**五祖血脉图**：敦煌斯坦因本、敦博本均为五祖大师传授衣法图。因此，血脉图当是传法世系图。

②**一真一切真，万境自如如**：意为若能见得自性之真（一真），则对一切万法都会持有真见（一切真）。这个真见，就是见得万法各有自己的本来面目（自如如）。这个识得万法各有自己本来面目之心，即下文的"如如之心"。

译文

又过了几天，五祖把所有的门人都叫到一起，对大家说道："我对你们说，人生最重要的事就是生死。你们整天只知道祈求福田，却不求脱离这有生有死的苦海。自己的本性如果迷误，福田怎能拯救你们？你们都回去，各自运用自己的智慧，用自己本心的般若自性，作一首偈来给我看。谁的偈悟得了佛法大意，我就把衣钵佛法传给谁，让他做第六代祖师。你们都火速快去，不要耽搁。一经思量即不管用。见性的人，言下就应见得。这样的人，即使抢刀上阵，也能见性（比喻利根人随处可以见性）。"

门人们得到吩咐，退下相互商量道："我们这些人，不必要去净心用意地作什么偈。作了送给和尚，能得什么好处？神秀上座现在是教授师，一定是他得到衣钵佛法。我们不必忙着作什么偈颂，作了也不过是枉用心力，白费精神。"听了这番议论，门人们全都放弃了得法的念头，都说："我们今后跟着秀师就行了，何必费心劳神地作什么偈？"

神秀思量：大家不作偈，因为我是他们的教授师，我必须作偈，呈送和尚。如果我也不作偈，和尚怎能知道我心中见解的深浅？我作偈呈送和尚，若是为求佛法，那用意就是善的；若是为觅祖位，那就是一种恶行，这和俗人处心积虑要谋夺皇位有什么区别？如果我不作偈，就永远得不到佛法了。这事太教人为难！太教人为难了！

五祖所住的堂前，有三间走廊，准备延请供奉卢珍画"楞伽经变相"和"五祖传法世系图"，流传后代，让人们供养。神秀的偈作成了，几次都想呈送五祖，但是一走到堂前，就精神恍惚，遍体流汗，不敢把偈送上。前后经过四天，神秀去了十三次，也没能把偈呈上。于是神秀又想：不如把偈写在走廊，让师父看见。如果能立即得到师父称赞，我就出来礼拜，说那偈是我神秀作的；如果师父说不行，那就只能怪我枉来山中多年，空受众人礼拜，还修什么道？

这天夜里三更时分，神秀悄悄走出房门，自己掌着灯，把偈写到走廊的墙上，呈上了自己心中的识见。那偈道：

> 身是菩提树，心如明镜台。
> 时时勤拂拭，勿使惹尘埃。

神秀写完偈，就回到房中，别人都不知道这件事。神秀心想：五祖明天看到了偈，如果喜欢，就是我与佛法有缘；如果说不行，就是我自己心里迷误，再不就是我以往业障太重，不该得到佛法。不知五祖圣意到底如何？左思右想，坐立不安，直到五更。

五祖已经知道神秀没有入门，不见自己本性。天亮了，五祖唤卢供奉来，到南廊下墙上画变相，忽然看见墙上的偈，就对卢供奉说："供奉！不用画了。劳您远道而来。经上说：凡所有相，皆是虚妄。只留下这偈，让大家诵习、修持。依这偈修行，可免堕入恶道；依这偈修行，有莫大的好处。"五祖说完，又命弟子们焚香，向偈礼拜。并对大家说，诵念这偈，就可见得自己本性。弟子们照师父指示，诵念这偈，并一起赞叹："善哉！"

夜半三更，五祖把神秀唤到自己房里问道："偈是你作的吗？"神秀回答说："偈确实是神秀作的，神秀不敢妄想得到祖位，只求和尚慈悲，看弟子有点智慧没有？"五祖说："你作这偈，还没有见得本性。好比仅仅到了门口，未能入得门内。像这样的见解，要用它去求无上菩提，是绝对得不到的。要得到无上菩提，必须言下就能识得自己本心，见到自己本性，知道本心本性不生不灭。时时处处，念念都能见到自己本心本性，一切万法就都不会成为滞碍。一真就一切皆真，万境都自如自己本来面目。那视万境都自如自己本来面目之心，就是真如实性。如果持这样的见解，就是无上菩提的自性。你暂且回去，思量一两日，再作一偈，送来我看。假如入门，就传给你衣钵佛法。"

神秀行礼退出，又过了几天，仍然作不成偈。心中恍惚，神思不安，就像梦中，行走坐卧都闷闷不乐。

原典

复两日，有一童子于碓坊过，唱诵其偈。惠能一闻，便知此偈未见本性。虽未蒙教授，早识大意。遂问童子曰："诵者何偈？"童子曰："尔这獦獠，不知大师言世人生死事大，欲得传付衣法，令门人作偈来看。若悟大意，即付衣法，为第六祖。神秀上座于南廊壁上书无相偈①，大师令人皆诵。依此偈修，免堕恶道；依此偈修，有大利益。"惠能曰："（一本有：我亦要诵此，结来生缘。）上人！我此踏碓八个余月，未曾行到堂前，望上人引至偈前礼拜。"

童子引至偈前礼拜。惠能曰："惠能不识字，请上人为读。"时有江州别驾，姓张名日用，便高声读。惠能闻已，遂言："亦有一偈，望别驾为书。"别驾言："汝亦作偈？其事希有！"惠能向别驾言："欲学无上菩提，不得轻于初学。下下人有上上智，上上人有没意智。若轻人，即有无量无边罪。"别驾言："汝但诵偈，吾为汝书。汝若得法，先须度吾，勿忘此言。"

惠能偈曰：

菩提本无树，明镜亦非台。

本来无一物，何处惹尘埃？

书此偈已，徒众总惊，无不嗟讶。各相谓言："奇哉！不得以貌取人。何得多时使他肉身菩萨？"祖见众人惊怪，恐人损害，遂将鞋擦了偈，曰："亦未见性。"众以为然。

次日，祖潜至碓坊，见能腰石舂米，语曰："求道之人，为法忘躯，当如是乎！"乃问曰："米熟也未？"惠能曰："米熟久矣，犹欠筛在。"祖以杖击碓三下而去。惠能即会祖意。

三鼓入室，祖以袈裟遮围，不令人见，为说《金刚经》。至"应无所住，而生其心"，惠能言下大悟，一切万法，不离自性。遂启祖言："何期自性本自清净！何期自性本不生灭！何期自性本自具足！何期自性本无动摇！何期自性能生万法！"祖知悟本性，谓惠能曰："不识本心，学法无益。若识自本心，见自本性，即名丈夫、天人师、佛。"

三更受法，人尽不知，便传顿教及衣钵。云："汝为第六代祖，善自护念，广度有情，流布将来，无令断绝。听吾偈曰：

有情来下种，因地果还生。

无情既无种，无性亦无生。"

祖复曰："昔达磨大师初来此土，人未之信，故传此衣，以为信体，代代相承。法则以心传心，皆令自悟自解。自古佛佛唯传本体，师师密付本心。衣为争端，止汝勿传。若传此衣，命如悬丝。汝须速去，恐人害汝。"

惠能启曰："向甚处去？"

祖云："逢怀则止，遇会则藏。"

惠能三更领得衣钵，云："能本是南中人，素不知此山路，如何出得江口？"

五祖言："汝不须忧，吾自送汝。"

祖相送直至九江驿，祖令上船，五祖把橹自摇。惠能言："请和尚坐，弟子合摇橹。"祖云："合是吾渡汝。"惠能云："迷时师度，悟了自度。度名虽一，用处不同。惠能生在边方，语音不正。蒙师传法，今已得悟，只合自性自度。"

祖云："如是如是。以后佛法，由汝大行。汝去三年，吾方逝世。汝今好去，努力向南。不宜速说，佛法难起。"

注释

①**无相偈：**即不着相之偈。

译文

又过了两天，一个童子从碓坊经过，唱诵着神秀的偈。惠能一听，就知道这偈未见本性。虽然惠能我没有得到谁的教授，但早已识得佛法大意，就问童子："诵的什么偈？"那童子说："你这'獦獠'，不知道大师说人生最重要的事是生死。大师要传付衣钵佛法，让门人都作偈来看。谁悟得佛法大意，就把衣钵佛法传给谁，做第六代祖师。神秀上座在南廊墙上写下了这首无相偈，大师让众人都要诵念。说依这偈修行，可免堕入恶道；依这偈修行，有莫大的好处。"惠能听了童子的话，就对童子说道："（另一个本子上有：我也要诵念这偈，结来生缘分。）上人！我在这里踏碓八个多月，未曾走到堂前，请上人把我引到偈前礼拜。"

童子把我引到偈前礼拜，我说："惠能不识字，请上人给读一遍。"当时有个江州别驾，姓张名日用，就高声朗读。惠能听完，就说自己也有一偈，请别驾给写一下。别驾说："你也会作偈？这事稀罕！"惠能对别驾说："要学无上菩提，不该轻看初学的人。下下人会有上上智，上上人也会有埋没心智的时候。若轻视别人，就有无数无边的罪过。"别驾说："你只管诵偈，我给你写。如果你得到佛法，先要度我，请你不要忘了我的话。"

惠能的偈是：

> 菩提本无树，明镜亦非台。
> 本来无一物，何处惹尘埃？

写完这偈，众弟子都非常吃惊，无不嗟叹惊讶。相互议论说："奇了！真是不能以貌取人，什么时候让他做了肉身菩萨？"五祖见众人惊讶，怕有人加害惠能，就用鞋擦了偈，并且说道："这偈也没有见性。"大家以为真是这样。

第二天，五祖悄悄来到碓坊，看见惠能腰间拴着一块石头，在那里舂米，感慨地说："求道的人，为佛法忘身，就应该这样啊！"于是问惠能道："米舂好了吗？"惠能说："米早舂好了，还欠筛一筛。"五祖听完，用手杖敲了三下石碓，就离开了。惠能立即领会了五祖的意思。

三更时分，我到了五祖房内。五祖用袈裟遮围住灯光，不让别人看见，给我讲说《金刚经》。讲到"应无所住，而生其心"，惠能即刻大悟，原来一切万法，不离自我本性。于是就对五祖说："何期自性本来清净！何期自性本不生不灭！何期自性本来具有一切！何期自性本来无动无摇！何期自性能生一切万法！"五祖知道我悟得了本性，就对我说："不识本心，学了佛法也无用。如果识得自己本心，见得自己本性，就叫作大丈夫，叫作天人师，叫作佛。"

我在三更时分接受了佛法，人们都不知道。于是五祖就向我传授顿教及衣钵，并对我说道："你做第六代祖师，好好地护持佛法，广度一切有情众生，让佛法流布将来，不要让佛法中断。现在听我说偈：

> 有情来下种，因地果还生。
> 无情既无种，无性亦无生。"

五祖又说："过去达磨大师刚到中国，人们还不相信他传的佛法，所以要流传这件祖衣作为凭证，为的是取信于人，代代相传。佛法则以心传心，都要让人们自悟自解。自古以来，所有的佛都只传佛法本体，所有的祖师都只秘密托付本心。祖衣是引起争夺的起因，要求你不要再往下传。如果继续传流这件祖衣，生命就会危在旦夕。你要赶快离开，以免有人加害于你。"

惠能问道："师父看弟子我到哪里为好？"

五祖说："逢怀则止，遇会则藏。"

惠能于三更时分领得衣钵，对五祖说："惠能本是南方人，不认识这山里的路，怎样才能走到江口？"

五祖说："你不必忧虑，我亲自送你。"

五祖一直把我送到九江驿，让我上船，他自己亲自把橹摇船。我说："和尚请坐，弟子惠能应该摇船。"五祖说："应该是我来渡（度）你。"我回答说："迷误时，祖师来度；觉悟了，就应该自度。同样是度，但是作用不同。惠能我生在偏远的地方，语音不正。承蒙祖师传我佛法，现在已经觉悟，只应自性自度。"

五祖说："是的是的。从今以后，佛法要靠你传布了。你走后三年，我就要离开人世。你现在好好走吧，一直向南。不宜很快就去说法，禅宗大法不是一时就能兴盛起来的。"

原典

惠能辞违祖已，发足南行。两月中间，至大庾岭。（五祖归，数日不上堂。众疑，诣问曰："和尚少病少恼否？"曰："病即无，衣法已南矣。"问："谁人传授？"曰："能者得之。"众乃知焉。）逐后数百人来，欲夺衣钵。一僧俗姓陈，名惠明，先是四品将军，性行粗慥，极意参寻，为众人先，趁及惠能。惠能掷下衣钵于石上，云："此衣表信，可力争耶？"能隐草莽中。

惠明至，提掇不动。乃唤云："行者！行者！我为法来，不为衣来。"惠能遂出，坐磐石上。惠明作礼云："望行者为我说法。"

惠能云："汝既为法而来，可屏息诸缘，勿生一念，吾为汝说。"

明良久。惠能云："不思善，不思恶，正与么时，那个是明上座本来面目？"

惠明言下大悟。复问云："上来密语、密意外，还更有密意否？"

惠能云："与汝说者，即非密也。汝若返照，密在汝边。"

明曰："惠明虽在黄梅，实未省自己面目。今蒙指示，如人饮水，冷暖自知，今行者即惠明师也。"

惠能曰："汝若如是，吾与汝同师黄梅，善自护持。"

明又问："惠明今后向甚处去？"惠能曰："逢袁则止，遇蒙则居。"明礼辞。

（明回至岭下，谓趁众曰："向陟崔嵬，竟无踪迹，当别道寻之。"趁众咸以为然。惠明后改道明，避师上字。）

惠能后至曹溪，又被恶人寻逐，乃于四会避难猎人队中，凡经一十五载，时与猎人随宜说法。猎人常令守网，每见生命，尽放之。每至饭时，以菜寄煮肉锅。或问，则对曰："但吃肉边菜。"

译文

惠能辞别了五祖，就动身南行。两月光景，走到了大庾岭。（五祖送走惠能，回到了寺里，好几天不上堂。弟子们心里疑惑，就来询问："和尚身体、心情还好吗？"五祖说："我没有病，只是衣钵佛法已经到了南方。"弟子们问："传给了谁人？"五祖说："传给了惠能。"大家这才知道。）在后面有几百人追了过来，要夺取衣钵。其中一个僧人，俗姓陈，名叫惠明，曾做过四品将军，性情粗鲁，不过很有参禅求道之心。他急着要见到惠能，寻觅佛法，于是他抢在众人前头，赶上了惠能。惠能把衣钵扔到石头上，说："这衣钵是传法的凭证，难道可用强力来争夺吗？"惠能我说完，就在草丛中藏了起来。

惠明到了衣钵跟前，提拿不动，就大声喊道："行者！行者！我为求法而来，不为衣钵。"惠能于是走了出来，坐在磐石上。惠明行礼道："请行者给我说法。"

惠能说："你既然是为求佛法而来，可屏息一切因缘，不要产生任何念头，我给你说。"

惠明照惠能说的去做，过了好久，惠能说："不思量善，也不思量恶，正当此时，哪个是惠明上座的本来面目？"

惠明听完，立刻大悟，又问道："除了已经说过的密语、密意以外，您还有什么其他的密意吗？"

惠能回答道："既然已对你说，就不是秘密。如果你能反躬自问、观照自己，秘密就在你自己身边。"

惠明说："惠明虽在黄梅，实在未曾省悟自己本来面目。今天承蒙指导，真是如人饮水，冷暖自知。现在，行者您就是我惠明的师父了。"

惠能说："你既然这样说，我和你就同以黄梅为师，好好护持佛法。"

惠明又问："惠明今后到哪里去？"惠能回答说："逢袁则止，遇蒙则居。"惠明听完，就行礼告辞。

（惠明回到岭下，对追赶的人说："刚才我到了山顶，竟然毫无踪迹，咱们还是到别的路上找吧。"追赶的人都认为很对。惠明后来改名道明，为避六祖惠能的头一个字。）

惠能后来到了曹溪（今广东曲江境内），又被恶人寻找追杀，于是又到四会县，躲藏在猎人的队伍中，前后经过了十五年。这十几年里，惠能常常随众生根机，以种种方便向猎人们讲说佛法。猎人经常让惠能守网，每看到那些被捕获的生命，惠能就把它们放掉。每到吃饭时，惠能我就把菜寄放在煮肉锅中。有人问我，我就回答他们说，这叫只吃肉边的菜。

原典

一日思维，时当弘法，不可终遁。遂出，至广州法性寺，值印宗法师讲《涅槃经》。时有风吹幡①动，一僧曰"风动"，一僧曰"幡动"，议论不已。惠能进曰："不是风动，不是幡动，仁者心动。"一众骇然。

印宗延至上席，征诘奥义。见惠能言简理当，不由文字。宗云："行者定非常人。久闻黄梅衣法南来，莫是行者否？"惠能曰："不敢。"宗于是作礼，告请传来衣钵，出示大众。

宗复问曰："黄梅付嘱，如何指授？"

惠能曰："指授即无，唯论见性，不论禅定解脱。"

宗曰："何不论禅定解脱？"

能曰："为是二法②，不是佛法，佛法是不二之法。"

宗又问："如何是佛法不二之法？"

惠能曰："法师讲《涅槃经》，明佛性，是佛法不二之法。如高贵德王菩萨白佛言：犯四重禁，作五逆罪及一阐提等，当断善根佛性否？佛言：善根有二，一者常，二者无常。佛性非常非无常，是故不断，名为不二。一者善，二者不善，佛性非善非不善，是名不二。蕴之与界，凡夫见二，智者了达其性无二，无二之性即是佛性。"

印宗闻说，欢喜合掌言："某甲讲经，犹如瓦砾；仁者论义，犹如真金。"于是为惠能剃发，愿事为师。惠能遂于菩提树下，开东山法门③。

惠能于东山得法，辛苦受尽，命似悬丝，今日得与使君、官僚、僧尼、道俗同此一会，莫非累劫④之缘？亦是过去生中供养诸佛，同种善根，方始得闻如上顿教得法之因。教是先圣所传，不是惠能自智。愿闻先圣教者，各令净心，闻了各自除疑，如先代圣人无别。

一众闻法，欢喜作礼而退。

注释

①**幡**：长条形旗。

②**二法**：即将法分为二的法门。如禅观中分观者和被观者，或者分定慧为二，以及身外觅佛，不知自心即佛等，都是二法。下文所说分常与无常、善与不善、蕴与界为二的法，就都是二法。

③**东山法门**：指弘忍所传授的佛法。因弘忍住在湖北黄梅县冯墓山，该山处于当时黄梅县东部，故称东山。

④**累劫**：即许多劫。

译文

有一天，惠能心想，到该弘法的时候了，不能总是这样隐遁下去。于是出山，到了广州法性寺，遇上印宗法师正在讲《涅槃经》。这时候，一阵风吹来，旗幡飘动。一个僧人说："这是风在动。"另一个僧人说："这是幡在动。"争论不休。惠能上前说："不是风在动，也不是幡在动，是你俩的心在动。"听了我的话，所有的人都非常惊奇。

印宗法师把我请到上席，询问佛法奥义。印宗见我语言简洁，说理透彻，都不是从文字上得来，于是问道："行者一定不是常人。早就听说五祖的衣钵佛法到了南方，莫非就是行者您吗？"惠能答道："不敢！正是惠能。"印宗于是行礼，请求把传法衣钵向大众出示。

印宗又问："五祖传法，都说了什么？"

惠能说："并没有多说别的，只讲见性，不讲禅定解脱。"

印宗问："为什么不讲禅定解脱？"

惠能说："因为禅定解脱是二法，不是佛法，佛法是不二之法。"

印宗又问："什么是佛法的不二之法？"

惠能说："譬如法师您讲的《涅槃经》，阐明佛性，这就是佛法不二之法。譬如高贵德王菩萨对佛说：犯四重禁的、造五逆罪的及一阐提人等，断了善根佛性吗？佛说：善根有两种：一种是常，另一种是无常，佛性不是常也不是无常，所以不断，叫作不二。一种善，另一种不善，佛性不是善也不是不善，这就叫不二。蕴和界，凡人把它们看作二，智者通晓它们的本性无二，这无二的本性就是佛性。"

印宗听完，高兴地合掌说道："我给别人讲经，就像是一堆瓦砾；仁者您讲论的佛法奥义，就像真金。"于是给惠能剃了头发，并且愿拜惠能为师。惠能就在菩提树下，开了东山法门。

惠能在东山得到佛法，受尽了辛苦，生命时刻处于危险之中，今天能够和使君、官僚、僧尼、道俗在此聚会，莫不是累劫以来结的缘分？也是过去几生几世之中供养诸佛，共同种下的善根，这样才能听到像上面我所说的得到顿教法门的缘由。教是过去的圣人所传，不是惠能我自己的发明。愿听先圣顿教的，都要清净自己的心，听闻后各自消除疑惑，就像过去的圣人们那样。

人们听完惠能讲说佛法，都高高兴兴地行礼散去。

2　般若第二

原典

次日，韦使君请益。师升座，告大众曰："总净心念摩诃般若波罗蜜多。"复云："善知识！菩提般若之智，世人本自有之，只缘心迷，不能自悟，须假大善知识示导见性。当知愚人智人，佛性本无差别。只缘迷悟不同，所以有愚有智。吾今为说摩诃般若波罗蜜法，使汝等各得智慧。志心谛听，吾为汝说。

"善知识！世人终日口念般若，不识自性般若，犹如说食不饱①。口但说空，万劫不得见性，终无有益。

"善知识！'摩诃般若波罗蜜'是梵语，此言'大智慧到彼岸'。此须心行，不在口念。口念心不行，如幻如化，如露如电。口念心行，则心口相应。本性是佛，离性无别佛。

"何名'摩诃'？'摩诃'是'大'。心量广大，犹如虚空，无有边畔，亦无方圆大小，亦非青黄赤白，亦无上下长短，亦无嗔无喜、无是无非、无善无恶、无有头尾。诸佛刹土，尽同虚空。世人妙性本空，无有一法可得。自性真空，亦复如是。

"善知识！莫闻吾说空，便即着空。第一莫着空。若空心静坐，即着无记空②。善知识！世界虚空，能含万物色像。日月星宿、山河大地、泉源溪涧、草木丛林、恶人善人、恶法善法、天堂地狱、一切大海、须弥诸山，总在空中。世人性空，亦复如是。

"善知识！自性能含万法是'大'，万法在诸人性中。若见一切人，恶之与善，尽皆不取不舍，亦不染着，心如虚空，名之为'大'，故曰'摩诃'。

"善知识！迷人口说，智者心行。又有迷人，空心静坐，百无所思，自称为'大'。此一辈人，不可与语，为邪见故。

"善知识！心量广大，遍周法界。用即了了分明，应用便知一切。一切即一，一即一切，去来自由，心体无滞，即是'般若'。

"善知识！一切般若智，皆从自性而生，不从外入。莫错用意，名为真性自用。一真一切真。心量大事，不行小道。口莫终日说空，心中不修此行。恰似凡人自称国王，终不可得。非我弟子。

"善知识！何名'般若'？'般若'者，唐言'智慧'也。一切处所，一切时中，念念不愚，常行智慧，即是般若行。一念愚即般若绝，一念智即般若生。世人愚迷，不见般若。口说般若，心中常愚。常自言我修般若，念念说空，不识真空。般若无形相，智慧心即是。若作如是解，即名般若智。

"何名'波罗蜜'？此是西国语，唐言'到彼岸'，解义离生灭。着境生灭起，如水有波浪，即名为'此岸'。离境无生灭，如水常通流，即名为'彼岸'，故号'波罗蜜'。

"善知识！迷人口念。当念之时，有妄有非。念念若行，是名真性。悟此法者，是般若法。修此行者，是般若行。不修即凡，一念修行，自身等佛。

"善知识！凡夫即佛，烦恼即菩提。前念迷即凡夫，后念悟即佛。前念着境即烦恼，后念离境即菩提。

"善知识！摩诃般若波罗蜜，最尊、最上、最第一，无住、无往、亦无来，三世诸佛从中出。当用大智慧打破五蕴烦恼尘劳。如此修行，定成佛道，变三毒为戒定慧。

注释

①**说食不饱**：仅口说吃饭不能饱人，喻修道不能仅凭口念，而要心行。

②**无记空**：即"着空"之空，心中一无所有的空。惠能的空，不是心中空荡荡一无所有，而是心如虚空，能含日月星辰、山河大地、恶人善人、一切万法的空。心对万法，不取也不舍，不着也不染，这才是惠能所说的空。

译文

第二天，韦使君请惠能继续说法。惠能大师登上法座，对听众说："大家都净心念：摩诃般若波罗蜜多。"又说："善知识！菩提般若智慧，本来人人都有，只是因为心里迷惑，不能自己领悟，必须由大善知识指导，才能见得自己本性。大家应当知道，无论愚人还是智人，佛性都没有差别。只是由于迷和悟的不同，才有愚有智。我现在来说摩诃般若波罗蜜法，让你们都得到智慧。请大家专心听讲，我给你们解说。

"善知识！世人终日里口念般若，却不能认识自己本性中的般若，这就好比说饭不能当作饭吃。如果只是口里说空，万劫也不能见到自性，终究也不会有什么长进。

"善知识！'摩诃般若波罗蜜'是梵语，用我们的话说，就是'大智慧到彼岸'。这须要心里实行，不在于口里念诵。口里念诵但心里不去实行，'大智慧到彼岸'就会像个幻影，像朝露和闪电，转瞬即逝。口里念诵，心里也实行，那就心口一致。本性就是佛，本性以外没有别的佛。

"什么叫'摩诃'？'摩诃'是'大'。心量广大，就像虚空，无边无际，也没有方圆大小，也不是青黄红白，也没有上下长短，也没有发怒和欢喜，无是也无非，无善也无恶，无头也无尾。一切佛国净土，皆都等同虚空。世人灵妙的本性也是空，无有一法可得。自性是真正的空，也就是这个样子。

"善知识！不要听到我说空，就执着于空。第一不要执着空。若让心里一无所有地去静坐，这就是执着无记空。善知识！世界虚空，能含容万物及一切色相。日月星宿、山河大地、泉源溪涧、草木丛林、恶人善人、恶法善法、天堂地狱、一切大海、须弥诸山，全部都在虚空之中。世人自性的空，也就是这个样子。

"善知识！自性能含容万法，这就是'大'，万法也都在人的自性之中。如果见到一切人，不论善人还是恶人，全都不取不舍，也不染着，使心像虚空一样，这就叫作'大'，所以说是'摩诃'。

"善知识！迷误的人只会在口里说，有智慧的人用心实行。还有一些迷误的人，让心里一无所有地静坐，什么也不想，自称为'大'。这一类人，不能和他们讲话，因为他们被邪见所迷。

"善知识！心量广大，遍及全部法界。心到用时就历历分明，应用就周知一切。一切就是一，一就是一切。来去自由，心的体永不停滞，这就是'般若'。

"善知识！一切般若智慧，都从自性发生，不是从外面来的。不要用错了心思，就叫作真性自用。一真就一切都真。开发真如心量，是转迷开悟的大事，不要在其他小道上用功。不要口里终日说空，心中不修这个行。这就好像凡人自称国王，终究办不到。这样的人也不是我的弟子。

"善知识！什么叫'般若'？'般若'汉语叫'智慧'。一切地方，一切时间，念念都不愚昧，永远是智慧的行为，这就是般若行。一个念头愚昧就是般若断绝，一个念头智慧就是般若产生。世人愚昧迷误，看不见般若。口里说着般若，心中却永远愚昧。自己总是说，我在修般若行，口里总在念诵空，却不识真空。般若没有形相，智慧心就是般若。如果这样理解，就叫般若智。

"什么叫'波罗蜜'？这是印度的话，中国语译作'到彼岸'，它的本义是超脱生灭。执着境，生灭就兴起，就像水起波浪，有波浪的生灭境，这就叫'此岸'。脱离境，就没有生灭，好像水的永远通流，这就叫'彼岸'，所以称作'波罗蜜'。

"善知识！迷误的人口里念诵。当念的时候，有妄也有非。口里念的如果都能实行，这就是真性。悟得这个法的，是般若法。修持这种行的，是般若行。不修就是凡夫，一念能修，自身就是佛。

"善知识！凡夫就是佛，烦恼就是菩提。前念迷误就是凡夫，后念觉悟就是佛。前念执着境，就是烦恼；后念脱离境，就是菩提。

"善知识！摩诃般若波罗蜜，最尊贵、最高上、最是第一，无住、无往也无来，三世诸佛都从这里出来。应当用大智慧打破五蕴的烦恼和尘劳。照这样修行，一定可以成佛，把三毒变成戒定慧。

原典

"善知识！我此法门，从一般若生八万四千智慧。何以故？为世人有八万四千尘劳。若无尘劳，智慧常现，不离自性。悟此法者，即是无念、无忆、无着，不起诳妄。用自真如性，以智慧观照，于一切法，不取不舍，即是见性成佛道。

"善知识！若欲入甚深法界及般若三昧者，须修般若行，持诵《金刚般若经》，即得见性。当知此经功德无量无边，经中分明赞叹，莫能具说。此法门是最上乘，为大智人说，为上根人说。小根小智人闻，心生不信。何以故？譬如大龙下雨于阎浮提，城邑聚落，悉皆漂流，如漂枣叶。若雨大海，不增不减。若大乘人，若最上乘人，闻说《金刚经》，心开悟解。故知本性自有般若之智，自用智慧常观照，故不假文字。譬如雨水，不从天有，元是龙能兴致，令一切众生，一切草木，有情无情，悉皆蒙润。百川众流，却入大海，合为一体。众生本性般若之智，亦复如是。

"善知识！小根之人，闻此顿教，犹如草木根性小者，若被大雨，悉皆自倒，不能增长。小根之人，亦复如是。元有般若之智，与大智人更无差别，因何闻法不自开悟？缘邪见障重，烦恼根深，犹如大云覆盖于日，不得风吹，日光不现。般若之智，亦无大小，为一切众生自心迷悟不同。迷心外见，修行觅佛，未悟自性，即是小根。若开悟顿教，不能外修，但于自心常起正见，烦恼尘劳常不能染，即是见性。

"善知识！内外不住，去来自由，能除执心，通达无碍。能修此行，与《般若经》本无差别。

"善知识！一切修多罗及诸文字，大小二乘十二部经，皆因人置，因智慧性，方能建立。若无世人，一切万法，本自不有。故知万法，本自人兴。一切经书，因人说有。缘其人中有愚有智，愚为小人，智为大人。愚者问于智人，智者与愚人说法，愚人忽然悟解心开，即与智人无别。

"善知识！不悟，即佛是众生；一念悟时，众生是佛。故知万法，尽在自心，何不从自心中顿见真如本性！《菩萨戒经》云：'我本元自性清净。'若识自心见性，皆成佛道。《净名经》云：'即时豁然，还得本心。'

"善知识！我于忍和尚处，一闻言下便悟，顿见真如本性，是以将此教法流行，令学道者顿悟菩提，各自观心，自见本性。若自不悟，须觅大善知识、解最上乘法者，直示正路。是善知识，有大因缘，所谓化导令得见性。一切善法，因善知识能发起故。三世诸佛，十二部经，在人性中，本自具有。不能自悟，须求善知识指示方见。若自悟者，不假外求；若一向执谓须他善知识方得解脱者，无有是处。何以故？自心内有知识自悟，若起邪迷，妄念颠倒，外善知识虽有教授，救不可得。若起正真般若观照，一刹那间，妄念俱灭。若识自性，一悟即至佛地。

译文

"善知识！我这法门，从般若产生八万四千种智慧。为什么？只为世人有八万四千种尘劳。如果没有尘劳，智慧就永远显现，不离自性。悟得这个法的，就是无念、无忆、无着，没有欺骗、狂妄的言行。用自己的真如本性，以智慧来观照，对于一切法，都不取不舍，就是见性成佛。

"善知识！如果想进入更深的法界和般若三昧，要修般若行，须持诵《金刚般若经》，就可以见性。应当知道，这经的功德无量无边，经中都说得分明，还有许多称颂，不能一一细说。这法门是最上乘，给大智慧人说，给上根人说。小根小智的人听了，心里不会相信。为什么呢？譬如大龙在阎浮提洲下雨，城邑村落，都顺水漂流，好像漂起树叶。如果把雨下到大海里，海水不增加也不减少。如果是大乘人，如果是最上乘人，听到《金刚经》，会心里豁然开朗、领悟和理解。并且知道本性之中本来就有般若智慧，自己用这个智慧观照一切，所以不必借助文字。譬如雨水，不是从天上来的，而是龙能兴云致雨，让一切众生，一切草木，从有情众生到无情之物，全都蒙受雨水的滋润。千百条江河，都流入大海，雨水与海水又合为一体。众生本性中的般若智慧，也就是这个样子。

"善知识！小根之人，听说这个顿教，就像幼小的草木，如果淋了大雨，全都会自己倒下，不能继续生长。小根之人，也是这样。他们本来也有般若智慧，和大智慧人没有差别，为什么听说顿教法门不能自己开悟？都因邪见障碍厚重，烦恼的根太深，就像密云遮没了太阳，没有大风吹散，日光就不能显露。般若智慧，也没有大小，只是由于一切众生自己心里迷误和觉悟的不同。迷误的人只见到外面的境，于身外去修行寻佛，没有悟得自性，这就是小根。如果心里开朗，领悟顿教，不向外修行，只在自己心里永远兴起正见，烦恼、尘劳永远不能染污，就是见性。

"善知识！内外都不住，来去自由，能消除执着心，到处通达没有障碍。能这样修行，就和《般若经》所说的没有差别。

"善知识！一切修多罗及所有的文字，大小二乘十二部经，都是由人设置的，由于智慧本性，才能建立。如果没有世上的人，一切万法，就都不会有。由此可知，万法本由人兴。一切经书，由于人说才会有。因为人中有愚有智，愚是小人，智为大人。愚人向智人求教，智人给愚人说法，愚人忽然领悟理解、心智开朗，就和智人没有差别。

"善知识！不觉悟，就是佛也会成为众生；一个念头觉悟，众生就成为佛。由此可知万法都在自己心里，为什么不从自己心中顿时悟见真如本性！《菩萨戒经》说：'我本元自性清净。'若识自心见性，就都能成就佛道。《净名经》说：'即时豁然，还得本心。'

　　"善知识！我在忍和尚那里，一听就立刻领悟，顿时见得真如本性，所以将这教法流行，让学道的人顿悟菩提，各自观照自己的心，自见本性。如果自己不领悟，须求大善知识、理解最上乘法的人，直截指示一条正路。这个善知识，有大因缘，就是说能开化教导，让你们见得本性。因为一切善法，都是由善知识发明、兴起的缘故。三世诸佛，十二部经，在人性中，本来具有。不能自己领悟，就要请求善知识指示，才能懂得。如果自己领悟，就不须向外寻求，并非一定要借助于其他善知识开导才能觉悟。为什么呢？自己心里有知识能自己领悟，如果邪见迷误兴起，胡思乱想本末颠倒，外善知识即使有所教导，也无法挽救他的迷误。如果以真正的般若进行观照，一刹那间，妄想杂念都会消灭。如果识得自性，一悟就到佛地。

原典

　　"善知识！智慧观照，内外明彻，识自本心。若识本心，即本解脱。若得解脱，即是般若三昧，即是无念。何名无念？若见一切法，心不染着，是为无念。用即遍一切处，亦不着一切处。但净本心，使六识出六门，于六尘中无染无杂、来去自由，通用无滞，即是般若三昧、自在解脱，名无念行。若百物不思，当令念绝，即是法缚①，即名边见。

"善知识！悟无念法者，万法尽通。悟无念法者，见诸佛境界。悟无念法者，至佛地位。

"善知识！后代得吾法者，将此顿教法门，于同见同行发愿受持，如事佛故。终身而不退者，定入圣位。然须传授从上以来默传分付，不得匿其正法。若不同见同行，在别法中，不得传付。损彼前人，究竟无益。恐愚人不解，谤此法门，百劫千生，断佛种性。

"善知识！吾有一'无相颂'，各须诵取。在家出家，但依此修。若不自修，唯记吾言，亦无有益。听吾颂曰：

说通及心通，如日处虚空；②
唯传见性法，出世破邪宗。
法即无顿渐，迷悟有迟疾；
只此见性门，愚人不可悉③。
说即虽万般，合理还归一；④
烦恼暗宅中⑤，常须生慧日。

邪来烦恼至，正来烦恼除；

邪正俱不用，清净至无余。⑥

菩提本自性，起心即是妄；

净心在妄中，但正无三障⑦。

世人若修道，一切尽不妨⑧；

常自见己过，与道即相当。

色类自有道，各不相妨恼；

离道别觅道，终身不见道。

波波度一生，到头还自懊；

欲得见真道，行正即是道。

自若无道心，暗行不见道；

若真修道人，不见世间过。

若见他人非，自非却是左；⑨

他非我不非，我非自有过。⑩

但自却非心⑪，打除烦恼破；

憎爱不关心，长伸两脚卧⑫。

欲拟化他人，自须有方便；

勿令彼有疑，即是自性现。

佛法在世间，不离世间觉；

离世觅菩提，恰如求兔角⑬。

正见名出世，邪见是世间；⑭

邪正尽打却，菩提性宛然。

此颂是顿教，亦名大法船；

迷闻经累劫，悟则刹那间。"

师复曰："今于大梵寺说此顿教，普愿法界众生，言下见性成佛。"时韦使君与官僚、道俗闻师所说，无不省悟。一时作礼，皆叹："善哉！何期岭南有佛出世！"

注释

①**法缚**：惠能的无念，是见一切法，但心不染着。若百物不思，同着境一样，也是被物（法）所束缚，所以叫"法缚"。持"百物不思"才是无念的见解，即是下文的"边见"，即非正见。

②以上二句意为：口说的通（说通）及心里真正通（心通），二者的区别，就像太阳挂在天上一样明白。

③**悉**：此处作"知""通晓"。

④以上二句意为：说起来虽然有万种法门差别，但是道理归结起来终究只有一个。

⑤**暗宅中**：宅，喻色身。暗宅中，即迷误者的身中。

⑥以上二句意为：如果邪与正都不执着，则心清净能至究竟无余涅槃。

⑦**但正无三障**：只要心正，就没有三障。

⑧**一切尽不妨**：无论什么都不会成为修道的障碍。

⑨以上二句意为：假如见到别人的非，也就是自己有了非，就是不正当（左、偏差）的行为。

⑩以上二句意为：别人非我不见，就是我不非。我见，就是我非，我非就有了过。

⑪**却非心**：即去掉见他人的非因而导致自己非的心。

⑫**长伸两脚卧**：比喻自由自在，无所烦恼。

⑬**求兔角**：比喻寻求不可能的事。

⑭以上二句意为：正见就是出世、成佛；邪见就还在世俗，做俗人。

译文

"善知识！用智慧观照，就内外明彻，识得自己本心。如果识得本心，就是解脱。如果得到解脱，就是般若三昧，就是无念。什么叫无念？如果见到一切法，心不被染污，也不执着，就是无念。如要应用，就能遍及一切处所，又不执着任何处所。只是清净本心，使六识从六门中出，在六尘中不被染污，来去自由，到处通行没有滞碍，就是般若三昧、自在解脱，这就叫无念行。如果什么也不想，就会让思绪断绝，这就是被法所束缚，也叫作边见。

"善知识！悟得无念法的，万法都全部通达。悟得无念法的，就是见到诸佛境界。悟得无念法的，就到了佛的地位。

"善知识！后代得到我所说法的人们，要将这个顿教法门，与见解相同、行为相同的人们，共同发愿、授受和持守，就像侍奉佛一样。那些保持终身不半途而废的，一定能得到圣位。但是必须传授此历代祖师代代相传的'不立文字，直指人心'之传承与付嘱，不得把正法隐匿。如果不是见解相同、行为相同，并且是已经信奉了其他法门的人，不许对他传授。这样会损害前人，终究也没有什么益处。还怕那些愚人们不理解，诽谤这个法门，以致百劫千生以后，会断了佛的种性。

"善知识！我有一首'无相颂'，你们各人都要念诵。不管在家、出家，都要按这个颂修行。如果不能自己修行，只是记了我的话，也没有什么益处。请听我念颂：

说通及心通，如日处虚空；
唯传见性法，出世破邪宗。
法即无顿渐，迷悟有迟疾；
只此见性门，愚人不可悉。
说即虽万般，合理还归一；
烦恼暗宅中，常须生慧日。
邪来烦恼至，正来烦恼除；

邪正俱不用，清净至无余。

菩提本自性，起心即是妄；

净心在妄中，但正无三障。

世人若修道，一切尽不妨；

常自见己过，与道即相当。

色类自有道，各不相妨恼；

离道别觅道，终身不见道。

波波度一生，到头还自懊；

欲得见真道，行正即是道。

自若无道心，暗行不见道；

若真修道人，不见世间过。

若见他人非，自非却是左；

他非我不非，我非自有过。

但自却非心，打除烦恼破；

憎爱不关心，长伸两脚卧。

欲拟化他人，自须有方便；

勿令彼有疑，即是自性现。

佛法在世间，不离世间觉；

离世觅菩提，恰如求兔角。

正见名出世，邪见是世间；

邪正尽打却，菩提性宛然。

此颂是顿教，亦名大法船；

迷闻经累劫，悟则刹那间。"

大师又说："今天在大梵寺说这个顿教，愿普天之下，法界所有众生，言下都见性成佛。"当时韦使君与官僚、道俗听了大师说法，没有不省悟的。于是大家行礼，都赞叹说："善哉！谁料岭南有佛出世！"

3 疑问第三

一日，韦刺史为师设大会斋。斋讫，刺史请师升座，同官僚、士庶，肃容再拜，问曰："弟子闻和尚说法，实不可思议。今有少疑，愿大慈悲，特为解说。"

师曰："有疑即问，吾当为说。"

韦公曰："和尚所说，可不是达磨大师宗旨乎？"

师曰："是。"

公曰："弟子闻达磨初化梁武帝①，帝问云：'朕一生造寺、度僧、布施、设斋，有何功德？'达磨言：'实无功德。'弟子未达此理，愿和尚为说。"

师曰："实无功德，勿疑先圣之言。武帝心邪，不知正法。造寺、度僧、布施、设斋，名为求福，不可将福便为功德。功德在法身中，不在修福。"

师又曰："见性是功，平等是德^②。念念无滞，常见本性真实妙用，名为功德。内心谦下是功，外行于礼是德。自性建立万法是功，心体离念是德。不离自性是功，应用无染是德。若觅功德法身，但依此作，是真功德。

"若修功德之人，心即不轻，常行普敬。心常轻人，吾我不断，即自无功。自性虚妄不实，即自无德，为吾我自大，常轻一切故。

"善知识！念念无间是功，心行平直是德。自修性是功，自修身是德。

"善知识！功德须自性内见，不是布施、供养之所求也。是以福德与功德别。武帝不识真理，非我祖师有过。"

注释

①**梁武帝**：南朝梁代开国皇帝，姓萧，名衍。武帝笃信佛教，有"皇帝菩萨"之称。帝一生精研佛教教理，固持戒律，四次舍身同泰寺。自讲《涅槃》《般若》等经；著有《涅槃经》《大品经》等义记数百卷。后因侯景起兵反叛，饿死于台城。在位四十八年，世寿八十六。

②**平等是德**：敦煌斯坦因本、敦博本，"平等"皆作"平直"。"等"也是平，"直"即不曲。人心清净，于万

法不着、不染，因而明彻清静，如水不起波浪，即"平"或"平等"。以"平"或"平等"之心，即处处无碍，故行之没有弯曲，即"直"。惠能认为，心能悟得此一境界才是德。

译文

有一天，韦刺史为大师设大会斋。吃完斋饭，刺史请大师升上法座，自己和官僚、士庶们一起，严肃地再次向大师行礼，并且问道："弟子们听和尚说的法，实在是不可思议。我有一点疑问，希望大师慈悲，为我解说。"

大师说："有疑尽可发问，我将为你解说。"

韦刺史问道："和尚所说的，可是达磨大师的宗旨吗？"

大师说："是的。"

韦刺史又说："弟子听说，当年达磨大师去化导梁武帝，梁武帝问达磨大师说，他一生造寺、度僧、布施、设斋，有没有什么功德？达磨大师回答他说，实在没有功德。弟子不知道为什么达磨大师说梁武帝没有功德，请和尚为我解说。"

大师说："梁武帝实在没有功德，你不要怀疑先圣的话。梁武帝心邪，不知道正法。造寺、度僧、布施、设斋，这些事都是为了求福，不可把求福的事当成功德。功德在法身中，不在修福的行为中。"

大师又说："见性是功，平等地对待一切是德。念念没有滞碍，常能见到本性的真实妙用，这叫作功德。内心谦让卑下是功，外面依礼而行是德。由自性建立万法是功，心的本体离开各种念头是德。不脱离自性是功，应用而不染污是德。如果要觅求功德法身，只要这样去做，就是真功德。

"如果是修功德的人，心就不轻视一切。他的行为，也总是恭敬地对待一切。心常轻视别人，就是没有丢掉'自我'这个念头，这就不会有功。自性虚妄而不能切实，这就不会有德，因为他不忘自我，自高自大，经常轻视一切。

"善知识！念念没有间断是功，心行平直是德。自己修性是功，自己修身是德。

"善知识！功德必须要内见自性，不是布施、供养所能求来的。所以福德和功德是不同的。梁武帝不知道真理，不是我们祖师有什么过错。"

原典

刺史又问曰："弟子常见僧俗念阿弥陀佛，愿生西方。

请和尚说，得生彼否？愿为破疑。"

师言："使君善听，惠能与说。世尊在舍卫城中，说西方引化，经文分明，去此不远。若论相说，里数有十万八千，即身中十恶八邪，便是说远。^①说远为其下根，说近为其上智。人有两种，法无两般，迷悟有殊，见有迟疾。迷人念佛，求生于彼，悟人自净其心。所以佛言：'随其心净，即佛土净。'使君！东方人但心净即无罪，虽西方人心不净亦有愆。东方人造罪，念佛求生西方；西方人造罪，念佛求生何国？凡愚不了自性，不识身中净土，愿东愿西，悟人在处一般^②。所以佛言：'随所住处恒安乐。'使君！心地但无不善，西方去此不遥。若怀不善之心，念佛往生难到。今劝善知识，先除十恶，即行十万；后除八邪，乃过八千。念念见性，常行平直，到如弹指，便睹弥陀。

"使君！但行十善，何须更愿往生？不断十恶之心，何佛即来迎请？若悟无生顿法^③，见西方只在刹那；不悟，念佛求生路遥，如何得达？惠能与诸人移西方于刹那间，目前便见，各愿见否？"

众皆顶礼云："若此处见，何须更愿往生？愿和尚慈悲，便现西方，普令得见。"

师言："大众！世人自色身是城，眼耳鼻舌是门。外有五门，内有意门。心是地，性是王，王居心地上。

性在王在，性去王无。性在身心存，性去身心坏。佛向性中作，莫向身外求。自性迷即是众生，自性觉即是佛。慈悲即是观音，喜舍名为势至。能净即释迦，平直即弥陀。人我是须弥，贪欲是海水，烦恼是波浪，毒害是恶龙，虚妄是鬼神，尘劳是鱼鳖，贪嗔是地狱，愚痴是畜生。

"善知识！常行十善，天堂便至；除人我④，须弥倒；去贪欲，海水竭；烦恼无，波浪灭；毒害除，鱼龙绝。自心地上觉性如来放大光明，外照六门清净，能破六欲诸天。自性内照，三毒即除，地狱等罪，一时消灭。内外明彻，不异西方。不作此修，如何到彼？"

大众闻说，了然见性，悉皆礼拜，俱叹"善哉"！唱言："普愿法界众生，闻者一时悟解。"

师言："善知识！若欲修行，在家亦得，不由在寺。在家能行，如东方人心善；在寺不修，如西方人心恶。但心清净，即是自性西方。"

注释

① **"惠能与说……便是说远"**，明《永乐南藏》本作："惠能为说，释迦世尊在王舍城说《观经》，有云'阿弥陀佛去此不远'。经文分明。若论相说，十万亿刹即人身中十恶等障。"文异意同。

②**在处一般**：在处，所在之处；一般，一样。即无论在什么地方都一样。

③**无生顿法**：即当体即空、无生无灭之顿教法门。

④**除人我**：消除对人体自身的执着。即无人我之执，以身为五蕴假和合，实无常一主宰之我体，称为人空。一般而言，小乘主张法为实有，故仅立我空；而大乘则说蕴等诸法亦空，而立人、法二空。

译文

韦刺史又问："弟子常常见到僧人俗人都在念阿弥陀佛，发愿往生西方。请和尚您说，能够往生西方吗？希望您的解说能破除我的疑虑。"

大师说："请使君用心听，惠能为您解说。世尊在舍卫城里，说引度人们到西方的事，经文上说得明明白白，西方净土离这里不远。若按世俗的距离计算，西方离我们这里有十万八千里。这十万八千里也就是人身中的十恶八邪。从这一面说来，西方离人确实很远。不过，说西方离我们遥远，是对下根人说；说西方离我们很近，是对上智人说。人有两种，佛法却只有一样。愚迷和觉悟有区别，见自己本性也有早有晚。愚迷的人念佛，请求往生西方；觉悟的人，则清净自己的心。所以佛说：

'随其心净，即佛土净。'使君！东方人只要心净，就没有罪业；即使西方人，假若心里不净，照样是罪过。东方人造了罪业，念佛请求往生西方；西方人造了罪业，念佛请求往生哪里？凡夫愚人不知晓自己本性，不知自己身中就有净土，请求往生东方西方。觉悟的人，在什么地方都一样。所以佛说：'随所在处恒安乐。'使君！只要自己心里没有不善，西方就离我们不远。假若怀有不善之心，念佛请求往生也没有用处。现在我劝善知识，先除去十恶，这就是行了十万里；再除去八邪，这就又走了八千。念念见自己本性，经常使自己的行为平正而端直，那么，到西方就会像弹指一样容易，就会见到阿弥陀佛。

"使君！只要行得十善，何须请求往生？不断十恶之心，哪个佛会来接您？如果领悟了无生无灭的顿教法门，到西方只在刹那之间；不领悟这顿教法门，念佛请求往生就路途遥远，如何能够到达？惠能现在立刻就把西方引到这里，马上就可以见到，大家愿意见一见吗？"

众人一起隆重行礼说："如果这里能够见到西方净土，何必请求往生？希望和尚慈悲，使西方净土显现，让我们都能见到。"

大师说："世上众人，自己的色身是城，眼耳鼻舌是门。外面有五座门，内里还有一个意门。心就是土地，本性就是国王，国王居住在心这块土地上。本性在，国王就存在；本性离开了心，国王就消失。本性在，身心就存活；本性离开，身心就灭坏。要作佛，只能在自己本性中寻求，不要向身外寻求。自性迷误就是众生，自性觉悟就是佛。心里慈悲就是观世音，喜好施舍就是大势至。心里清净就是释迦佛，心里平正端直就是阿弥陀佛。心里要去分别什么人与我，就是自己造了一座须弥山作障碍；心里起了贪欲，就是自己造了大海作阻隔；烦恼是扰乱心神的波浪，害人之心就是制造害己的恶龙，虚妄骄狂就是捣乱的鬼神，妄念劳碌使自己成为鱼鳖，贪嗔就是自己制造的地狱，愚昧痴呆就使自己变为畜生。

"善知识！常行十善，天堂就会到来；消除人我之别，须弥山就会倒塌；去掉贪欲，海水就会枯竭；没有烦恼，波浪消灭；除却害人之心，鱼龙就会断绝。自心这块土地上觉悟了的自性如来放出大光明，照得外面六门清净，就能破除欲界六重天。自性内照，就能立即除去三毒；地狱等等罪业，也会因此一刹那间就全部消灭。内外都能明亮透彻，就和西方净土没有差别。不作这样修行，如何能到达西方？"

众人听后，都清楚地见到了自己的本性，全体向大师礼拜，一齐赞叹"善哉"！并且唱道："普愿法界所有众生，听后都立即觉悟。"

大师说:"善知识!如果想修行,不一定要出家入寺,在家也可以,就像东方人心善;在寺若不修行,就像西方人心恶。只要心中清净,自性就是西方。"

原典

韦公又问:"在家如何修行?愿为教授。"

师言:"吾与大众作'无相颂'。但依此修,常与吾同处无别。若不依此修,剃发出家,于道何益?"颂曰:

> 心平何劳持戒?行直何用修禅?
> 恩则孝养父母①,义则上下相怜;
> 让则尊卑和睦,忍则众恶无喧。
> 若能钻木出火,淤泥定生红莲。②
> 苦口的是良药,逆耳必是忠言。
> 改过必生智慧,护短心内非贤③。
> 日用常行饶益④,成道非由施钱。
> 菩提只向心觅,何劳向外求玄?
> 听说依此修行,天堂只在目前。

师复曰:"善知识!总须依偈修行,见取自性,直成佛道。时不相待,众人且散,吾归曹溪。众若有疑,却来相问。"

时,刺史、官僚、在会善男信女,各得开悟,信受奉行。

①**恩则孝养父母**：念父母之恩，就会孝养父母。

②**以上二句意为**：火在木中，莲生泥中，佛性也如火、莲，在自身中。

③**护短心内非贤**：掩饰错误（护短）的人，心不善良（贤）。

④**日用常行饶益**：于日用之间坚持修行会获益良多。

译文

韦刺史又问："在家如何修行？请大师给予开示。"

大师说："我给大家作了一首'无相颂'，只要依此修行，就像和我在一起一样。如果不这样修行，即使剃发出了家，对学道又有什么好处？"颂是：

> 心平何劳持戒？行直何用修禅？
>
> 恩则孝养父母，义则上下相怜；
>
> 让则尊卑和睦，忍则众恶无喧。
>
> 若能钻木取火，淤泥定生红莲。
>
> 苦口的是良药，逆耳必是忠言。
>
> 改过必生智慧，护短心内非贤。

日用常行饶益，成道非由施钱。

菩提只向心觅，何劳向外求玄？

听说依此修行，天堂只在目前。

大师又说："善知识！都要照我这偈修行，见得自性，直截成佛。时光不等待人，大家解散，我回曹溪。今后若有什么疑惑，就到曹溪相问。"

这时候，刺史、官僚以及听讲的善男信女，各自都开了心窍，悟得了佛法，并且坚信不疑，决心奉行。

4 定慧第四

原典

师示众云："善知识！我此法门，以定慧为本。大众勿迷言定慧别。定慧一体，不是二。①定是慧体，慧是定用；即慧之时定在慧，即定之时慧在定。若识此义，即是定慧等学。诸学道人！莫言先定发慧、先慧发定各别。作此见者，法有二相。口说善语，心中不善，空有定慧，定慧不等。若心口俱善，内外一如，定慧即等。自悟修行，不在于诤。若诤先后，即同迷人。不断胜负，却增我法，不离四相。

"善知识！定慧犹如何等？犹如灯光。有灯即光，无灯即暗。灯是光之体，光是灯之用。名虽有二，体本同一。此定慧法，亦复如是。"

师示众云："善知识！一行三昧者，于一切处，行住坐卧，常行一直心是也。《净名经》云：'直心是道场，直心是净土。'莫心行谄曲，口但说直；口说一行三昧，不行直心。但行直心，于一切法，勿有执着。迷人着法相，执一行三昧，直言常坐不动，妄不起心，即是一行三昧。作此解者，即同无情，却是障道因缘。

"善知识！道须通流，何以却滞？心不住法，道即通流；心若住法，名为自缚。若言常坐不动是，只如舍利弗宴坐林中，却被维摩诘呵。

"善知识！又有人教坐，看心观静，不动不起，从此置功。迷人不会，便执成颠，如此者众。如是相教，故知大错。"

注释

①敦煌斯坦因本作"定慧体一不二"，敦博本作"定慧体不一不二"，这里是"定慧一体，不是二"。从诸本内容看，都在破除"定慧别"之迷，而强调"定慧等""名虽有二，体本同一"。看来各种《坛经》版本，在强调"法无二相""体本同一"方面是一致的。这也是禅宗的一个基本思想。

译文

　　大师对众人说："善知识！我这个法门，以定慧为本。大家不要糊糊涂涂地说什么定慧有别，这种认识是错误的。定慧一体，不是两个东西。定是慧之体，慧是定之用。当慧的时候，定在慧中；当定的时候，慧在定中。如果明白这个道理，就是懂得了定慧均等修持的学问。学道的人们，不能说什么先定才能发慧，或先慧才能发定，认为慧与定不一样。持这种见解的人，就是认为佛法有两种相。口里说着善语，心中却存着不善；徒然知道有定和慧，却使定和慧不能均等。如果口与心都善，内和外完全一样，定和慧也就均等。以自悟为目的修行，不在于口头的争辩。如果要为定和慧争个先后，就和迷误的人一样。这样不仅没有断绝争胜之心，而且又增加了'我见'，不离四相的执着。

　　"善知识！定慧就像什么呢？就像灯光。有灯就有光，无灯就黑暗。灯是光之体，光是灯之用。名称虽然有两个，体却本来就是一个。定和慧，也是如此。"

　　大师对众人说："善知识！一行三昧，就是说，无论何时何地，也无论是行住坐卧，都要行一个直心。如《净名经》所说：'直心是道场，直心是净土。'不要心里弯弯曲曲，只是嘴上说直；口里说着一行三昧，却不行直心。一定要行直心，对一切法，都不要执着。迷误的人执着法相，执着一行三昧，坚持长时间地静坐不动，妄想心不起，这样就是一行三昧。作这种理解的人，就和无情之物相同，并且是障碍修道的因缘。

"善知识！道必须通流，为什么却产生了滞碍呢？心不住法，道就通流；心若住法，就叫作茧自缚。如果要说长坐不动才是一行三昧，那就像舍利弗安坐在树林中一样，却遭到维摩诘的呵斥。

"善知识！还有人教授静坐，教你在静坐中看心、观静，身体不动，思虑不起，从这里做功课。迷误的人不懂佛法大意，执着静坐反成癫狂，像这样的人很多。这样去教导别人，是完全错了。"

原典

师示众云："善知识！本来正教，无有顿渐，人性自有利钝。迷人渐修，悟人顿契。自识本心，自见本性，即无差别。所以立顿渐之假名。

"善知识！我此法门，从上以来，先立'无念为宗，无相为体，无住为本'。无相者，于相而离相；无念者，于念而无念；无住者，人之本性。于世间善恶好丑，乃至冤之与亲，言语触刺欺争之时，并将为空，不思酬害。

念念之中，不思前境。若前念、今念、后念，念念相续不断，名为系缚①。于诸法上念念不住，即无缚也。此是以无住为本。

"善知识！外离一切相，名为无相。能离于相，即法体清净。此是以无相为体。

"善知识！于诸境上心不染，曰无念。于自念上常离诸境，不于境上生心。若只百物不思，念尽除却，一念绝即死，别处受生，是为大错。学道者思之。若不识法意，自错犹可，更误他人。自迷不见，又谤佛经，所以立无念为宗。

"善知识！云何立无念为宗？只缘口说见性，迷人于境上有念，念上便起邪见，一切尘劳妄想，从此而生。自性本无一法可得，若有所得，妄说祸福，即是尘劳②邪见。故此法门，立无念为宗。

"善知识！无者，无何事？念者，念何物？无者，无二相，无诸尘劳之心；念者，念真如本性。真如即是念之体，念即是真如之用。真如自性起念，非眼耳鼻舌能念。真如有性，所以起念；真如若无，眼耳色声当时即坏。

"善知识！真如自性起念，六根虽有见闻觉知，不染万境，而真性常自在。故经云：'能善分别诸法相，于第一义而不动。'"

①**系缚**：禅宗所说无念，不是一念不起，百物不思，而是虽念而不住念。起是无心之起，灭也自然而灭。有心而起，故意去灭，就不是无念。念与念之间，虽接连不断，但如水上浮沤，旋起旋灭。前念内容，不留到下一念。如果后起之念还保留先起之念的内容，就是住，也就是系缚。此处"相续不断"，即指念的内容相续。

②**尘劳**：指妄见、劳碌。

译文

大师对大家说："善知识！本来这正宗的教门，没有顿渐之分，只是人性本有利钝之别。迷误的人逐渐修行，觉悟的人立即就能契合。如果自识本心，自见本性，就没有顿渐的差别。因此，建立顿渐这样的名称，也只是一个假名。

"善知识！我这个法门，从达磨祖师开始，先确立了'无念为宗，无相为体，无住为本'。无相，就是遇相而脱离相；无念，就是虽念而不执着念；无住，那是人的本性。对于世间的善恶美丑，以及冤仇和亲爱，言语的冒犯、欺骗和争夺等等，都一概视为空幻，不寻思去进行报复。念念之中，不想以前的事。假如以前、现在和将来的念头，互相接续而不能斩断，就叫作系缚。对于一切法，能做到虽然有关于它的念头，但却不停止在这个念头之上，不把它牢记在心里，这样就没有束缚。这就是以无住为本。

"善知识！外面能脱离一切相，就叫作无相。能脱离相，就法体清净。这是以无相为体。

"善知识！对于一切境，心不被染污，就叫作无念。在自己的各种念头上，总能脱离一切境，不在境上兴起什么念头。如果执着于什么也不想，清除掉一切念头，那么一念断绝就是死，就要到别处重新获得生命，这是极大的错误。学道的人，应该好好想一想。如果不懂得佛法大意，自己错了还算不得什么，又误人子弟，这就不能等闲视之。自己迷误不见真道，又诽谤了佛经，就更是大错，所以要立无念为宗。

"善知识！为什么说要立无念为宗？只是由于口里说要见自己本性，但迷误的人却在境上生起念头，有念头就起邪见，一切尘劳妄想，就从这里产生。自性之中，本来没有一法可以得到，如果有所获得，妄说祸福，这就是尘劳邪见。所以这个法门，要立无念为宗。

"善知识！无是什么无？念者念什么？无，就是无二相，无一切妄见劳碌之心；念，就是念真如本性。真如，就是念之体；念，就是真如的用。真如自性兴起的念头，不是眼、耳、鼻、舌能起念头。真如有自己的本性，所以能随缘生起念头；真如假若无性，眼、耳、色、声立刻也会灭坏其功用。

"善知识！真如自性兴起念头，六根虽然可以见闻觉知，却不被万境染污，真性就永远自在。所以经上说：'能善分别诸法相，于第一义而不动。'"

5　坐禅第五

师示众云："此门坐禅，元不着心，亦不着净，亦不是不动。若言着心，心元是妄。知心如幻，故无所着也。若言着净，人性本净，由妄念故，盖覆真如。但无妄想，性自清净。起心①着净，却生净妄。妄无处所，着者是妄。净无形相，却立净相，言是工夫。作此见者，障自本性，却被净缚。

"善知识！若修不动者，但见一切人时，不见人之是非善恶过患，即是自性不动。善知识！迷人身虽不动，开口便说他人是非、长短、好恶，与道违背。若着心着净，即障道也。"

师示众云："善知识！何名坐禅？此法门中，无障无碍，外于一切善恶境界，心念不起名为坐，②内见自性不动名为禅。善知识！何名禅定？外离相为禅，内不乱为定③。外若着相，内心即乱；外若离相，心即不乱。本性自净自定，只为见境、思境即乱。若见诸境心不乱者，是真定也。善知识！外离相即禅，内不乱即定，外禅内定，是为禅定。《菩萨戒经》云：'我本元自性清净。'善知识！于念念中自见本性清净，自修自行，自成佛道。"

注释

①起心：即有心起念。

②此句意为：着境起念，也是有心而起，因而是妄；念非由境而起，或对于境而不起念，就不是妄，而是坐禅之坐。

③定：坐禅、禅定，本是要求身体静坐不动，心则一念不起。禅宗则认为，真正的坐禅、禅定，不在于身体是否静坐，而在于外不着相，内心不乱。这是禅宗之禅与其他教派之禅的重大区别。说禅宗不坐禅，其意义只是说，他们不主张必须身体静坐不动。

译文

大师对众人说："这个法门中说的坐禅，本是不执着于心，也不执着于净，也不是一动不动。如果说执着于心，心本是虚妄。知道心是虚幻，所以无所执着。如果说执着于净，那么人性本来就净，由于起了妄念，掩盖了真如。只要没有妄想，本性就自然清净。如果起心执着于净，就会产生净的虚妄。虚妄没有一定处所，执着的东西就是虚妄。净没有形象，却立了一个净的相，并且把执着于净说成是修持功夫。作这样见解的，障蔽了自己的本性，反而被净所束缚。

"善知识！那些修持不动的人们，假如能在见到一切人的时候，不见人家的是非、善恶、过患，就是自性不动。善知识！迷误的人身体虽然不动，开口就说别人是非、长短、好恶，这就与道相违背。假若执着于心或执着于净，就障蔽了道。"

大师对众人说："善知识！什么叫坐禅？这个法门中说的坐禅，是能够无所执着因而没有障碍，对于外面的一切善恶境界，心里不起念头，就叫作坐；内里能见到自性不动，就叫作禅。善知识！什么叫禅定？脱离外面的相叫作禅，内心不乱叫作定。外面假若执着于相，内心就乱；对外假若能脱离相，心就不乱。本性自身原是清净安定的，只是由于见到境、思念境，才被扰乱。假若见到一切境而内心不乱，就是真定。善知识！对外脱离相就是禅，内心不乱就是定。外禅内定，就是禅定。

《菩萨戒经》说：'我本元自性清净。'善知识！要在一个个念头相续的过程中自己见得本性清净，自修自行，自己成佛。"

6 忏悔第六

时，大师见广、韶泊四方士庶骈集山中听法，于是升座告众曰："来！诸善知识！此事须从自事①中起，于一切时，念念自净其心，自修自行，见自己法身，见自心佛，自度自戒始得，不假到此。既从远来，一会于此，皆共有缘。今可各各胡跪②，先为传自性五分法身香，次授无相忏悔。"众胡跪。

师曰："一戒香，即自心中无非无恶、无嫉妒、无贪嗔、无劫害，名戒香。二定香，即睹诸善恶境相，自心不乱，名定香。三慧香，自心无碍，常以智慧观照自性，不造诸恶。虽修众善，心不执着；敬上念下，矜恤孤贫，名慧香。四解脱香，即自心无所攀缘，不思善，不思恶，自在无碍，名解脱香。五解脱知见香，自心既无所攀缘善恶，不可沉空守寂，即须广学多闻，识自本心，达诸佛理，和光接物③，无我无人，直至菩提，真性不易，名解脱知见香。善知识！此香各自内薰，莫向外觅。

"今与汝等授无相忏悔，灭三世罪，令得三业清净。

"善知识！各随我语。一时道：

"弟子等从前念、今念及后念，念念不被愚迷染。从前所有恶业、愚迷等罪，悉皆忏悔，愿一时消灭，永不复起。

"弟子等从前念、今念及后念，念念不被骄诳染。从前所有恶业、骄诳等罪，悉皆忏悔，愿一时消灭，永不复起。

"弟子等从前念、今念及后念，念念不被嫉妒染。从前所有恶业、嫉妒等罪，悉皆忏悔，愿一时消灭，永不复起。

"善知识！以上是为无相忏悔。云何名忏？云何名悔？忏者，忏其前愆。从前所有恶业，愚迷、骄诳、嫉妒等罪，悉皆尽忏，永不复起，是名为忏。悔者，悔其后过。从今以后，所有恶业，愚迷、骄诳、嫉妒等罪，今已觉悟，悉皆永断，更不复作，是名为悔。故称忏悔。

"凡夫愚迷，只知忏其前愆，不知悔其后过。以不悔故，前愆不灭，后过又生。前愆既不灭，后过复又生，何名忏悔④？

"善知识！既忏悔已，与善知识发四弘誓愿，各须用心正听：自心众生无边誓愿度，自心烦恼无边誓愿断，自性法门无尽誓愿学，自性无上佛道誓愿成。

"善知识！大家岂不道'众生无边誓愿度'？怎么道，且不是惠能度。善知识！心中众生，所谓邪迷心、诳妄心、不善心、嫉妒心、恶毒心，如是等心，尽是众生。各须自性自度，是名真度。"

注释

①**自事：**在宫本校勘作"自性"。

②**胡跪：**西域僧人的跪法，单膝跪地。

③**和光接物：**和光，即含蓄光耀，不锋芒毕露。这样待人接物，才符合要求。

④**忏悔：**今天所说的悔，往往是事过以后，悔其前过的悔，因而往往加"后"字，成后悔。后悔在这里的意思，由忏来表述。这里的悔，是决心以后不再有过的意思。因此，禅宗的忏悔，也自有特色。

译文

那时候，大师看到广州、韶州以及四面八方的士人和庶民百姓都云集山中，要听讲佛法，于是就登上法座，对众人说："来！善知识们！成佛的事，必须从自己本性中开始。在一切时间内，念念都能清净自己的心，自己修持，自己实行，能见到自己法身，见自己心中的佛，自己救度自己，自己持戒约束自己才行。大家本来不必到这里来。既然远道而来，到这里聚会，都是有缘。现在每个人都跪下，我先传自性五分法身香，再授无相忏悔。"众人都跪下。

大师说："第一是戒香，是说自己心中无非无恶、无嫉妒、无贪嗔、无劫害的念头，这叫戒香。第二是定香，就是虽然看到各种善恶境相，但自己心里不被扰乱，这叫定香。第三是慧香，自己心里没有障碍，经常用智慧观照自己本性，不做一切恶事；虽然做了许多善事，但心不执着；并且能够尊敬长上，顾念卑下，同情和帮助孤独贫困的人，这叫慧香。第四是解脱香，就是自己心里没有任何牵挂，不思量行善，也不思量作恶，自由自在，没有障碍，这叫解脱香。第五是解脱知见香，自己心里既然没有行善、作恶的念头，也不可死守空寂，应该博学多闻，认识自己本心，通达各种佛理，对人谦虚和善，丢掉'自我'这个念头，不作人我的区别，直到菩提，真如自性不加改变，这叫解脱知见香。善知识！这些香都要用来熏修自己的心，不要向外寻觅。

"现在给你们传授无相忏悔，使你们灭除三世的罪业，得到三业清净。善知识！大家都随我念。众人一齐念道：

"'弟子们从前念、今念及后念，念念不被愚迷染污。从前所有的恶业、愚迷等罪过，全都忏悔，愿它们立即消灭，永不再起。

"'弟子们从前念、今念及后念，念念不被骄诳染污。从前所有的恶业、骄诳等罪过，全都忏悔，愿它们立即消灭，永不再起。

"'弟子们从前念、今念及后念，念念不被嫉妒染污。从前所有的恶业、嫉妒等罪过，全都忏悔，愿它们立即消灭，永不再起。'

"善知识！上面大家念的就是无相忏悔。什么叫忏？什么叫悔？忏，就是忏过去的罪过。从前所有的恶业，愚迷、骄诳、嫉妒等罪过，全部都忏，永不再起，这叫作忏。悔，就是悔以后的过失。从今以后，所有的恶业，愚迷、骄诳、嫉妒等罪过，现在已经觉悟，全部永远断绝，永不再犯，这叫作悔。所以称作忏悔。

"凡夫俗人愚昧迷误，只是忏他们过去的罪，不知悔他们以后的过。因为不悔，从前的罪没有消灭，后来的过就又产生了。既然从前的罪没有消灭，后来的过又再产生，怎能叫作忏悔？

"善知识！既然忏悔完毕，我与大家一起发四弘誓愿，大家都要用心认真地听：自心众生无边誓愿度，自心烦恼无边誓愿断，自性法门无尽誓愿学，自性无上佛道誓愿成。

"善知识！大家不是都说了'众生无边誓愿度'吗？这么说，并不是说要由惠能度。善知识！所谓众生心，就是所说的邪迷心、诳妄心、不善心、嫉妒心、恶毒心，像这些心，都是众生。大家都必须自性自度，这叫真度。"

原典

"何名自性自度？即自心中邪见烦恼愚痴众生，将正见度。既有正见，使般若智打破愚痴迷妄众生，各各自度。邪来正度，迷来悟度，愚来智度，恶来善度。如是度者，名为真度。

"又，'烦恼无边誓愿断'，将自性般若智，除却虚妄思想心是也。又，'法门无尽誓愿学'，须自见性，常行正法，是名真学。又，'无上佛道誓愿成'，即常能下心，行于真正，离迷离觉，常生般若，除真除妄，即见佛性，即言下佛道成。常念修行，是愿力法。

"善知识！今发四弘愿了，更与善知识授无相三归依戒。

"善知识！归依觉，两足尊；归依正，离欲尊；归依净，众中尊。从今日去，称觉为师，更不归依邪魔外道。以自性三宝，常自证明。劝善知识，归依自性三宝。佛者，觉也；法者，正也；僧者，净也。自心归依觉，邪迷不生，少欲知足，能离财色，名两足尊。自心归依正，念念无邪见，以无邪见故，即无人我、贡高、贪爱、执着，名离欲尊。自心归依净，一切尘劳、爱欲境界，自性皆不染着，名众中尊。若修此行，是自归依。凡夫不会，从日至夜，受三归戒。若言归依佛，佛在何处？若不见佛，凭何所归？言却成妄。

"善知识！各自观察，莫错用心。经文分明，言自归依佛，不言归依他佛。自佛不归，无所依处。今既自悟，各须归依自心三宝，内调心性，外敬他人，是自归依也。

"善知识！既归依自三宝竟，各各志心，吾与说一体三身自性佛，令汝等见三身了然，自悟自性。总随我道：'于自色身，归依清净法身佛；于自色身，归依圆满报身佛；于自色身，归依千百亿化身佛。'

"善知识！色身是舍宅，不可言归。向者三身佛，在自性中，世人总有。为自心迷，不见内性；外觅三身如来，不见自身中有三身佛。汝等听说，令汝等于自身中，见自性有三身佛。此三身佛从自性生，不从外得。

"何名清净法身佛？世人性本清净，万法从自性生。思量一切恶事，即生恶行；思量一切善事，即生善行。如是诸法，在自性中。如天常清，日月常明，为浮云盖覆，上明下暗；忽遇风吹云散，上下俱明，万象皆现。世人性常浮游，如彼天云。

"善知识！智如日，慧如月，智慧常明，于外着境，被妄念浮云盖覆，自性不得明朗。若遇善知识，闻真正法，自除迷妄，内外明彻，于自性中万法皆现。见性之人，亦复如是。此名清净法身佛。

"善知识！自心归依自性，是归依真佛。自归依者，除却自性中不善心、嫉妒心、诳曲心、吾我心、诳妄心、轻人心、慢他心、邪见心、贡高心，及一切时中不善之行；常自见己过，不说他人好恶，是自归依。常须下心，普行恭敬，即是见性通达，更无滞碍，是自归依。"

译文

"什么叫自性自度？就是将自己心中的邪见、烦恼、愚痴这些众生，用正见来救度他们。既然有了正见，让那般若智打破愚痴、迷妄这些众生，每个人就都自性自度。邪见来，用正见度；迷误来，用觉悟度；愚昧来，用智慧度；恶来，用善度。像这样的度，就叫作真度。

"其次，'烦恼无边誓愿断'，就是用自性的般若智慧，除去那虚妄、思虑的心。再次，'法门无尽誓愿学'，必须自己见自己本性，永远按正法行事，这叫作真学。最后，'无上佛道誓愿成'，就是一直能定下决心，按真法、正法行事，离开愚迷也离开觉悟，永远让般若显现，除去真正也除去虚妄，就能见到佛性，就能立刻成就佛道。要永远按这四弘誓愿去修行，这是发挥誓愿之力的法门。

"善知识！现在已经发下四弘誓愿，再给善知识传授无相三皈依戒。

"善知识！皈依觉，得福慧两具足的至尊；皈依正，得远离尘欲之尊；皈依净，得人天敬重之尊。从今以后，要把觉称为师，再不皈依邪魔外道。用自性中的三宝，经常地自己来加以证明。我劝善知识，皈依自性中的三宝。佛，就是觉；法，就是正；僧，就是净。自心皈依觉，就不生邪见迷误，就能少欲知足，就能脱离财色的诱惑，这叫两足尊。自心皈依正，念念没有邪见，因为没有邪见，就没有人我、高傲、贪爱、执着，这叫离欲尊。自心皈依净，一切尘劳、爱欲境界，自性都不被染污，也不去执着，这叫众中尊。如果修持这些行为，就是自皈依。凡夫不理解，从白天到黑夜，接受着三皈戒。

如果说皈依佛，佛在哪里？如果见不到佛，向哪里皈依？皈依佛这句话就成了虚妄。

"善知识！都要自己去观察体会，不要错用了心。经文分明说的就是自皈依佛，没有说皈依别的佛。不皈依自己心中的佛，就无处可以皈依。现在既然自己觉悟，都要皈依自己心中的三宝。向内调养心性，对外敬爱别人，这就是自皈依。

"善知识！既然皈依自心三宝完毕，都要专心一志听我与你们说一体三身自性佛，让你们清楚明白地见到自性三身，自己悟得自性。大家都跟我念：'于自色身，皈依清净法身佛；于自色身，皈依圆满报身佛；于自色身，皈依千百亿化身佛。'

"善知识！色身是房舍，不存在皈依的问题。刚才说的三身佛，在自性之中，世人都有的。只是由于自己心迷，不见自性，向外去寻觅三身如来，却看不见自身中有三身佛。你们听我讲，让你们在自身中，见自性中的三身佛。这三身佛从自性发生，不是从外获得。

"什么叫清净法身佛？世人性本清净，万法都从自性发生。思量那些恶事，就产生恶行；思量那些善事，就产生善行。所有这一切法，都在自性之中。就像天永远是清的，日月永远放射光明，由于浮云覆盖，以致上明下暗；突然碰上大风吹来，乌云消散，上下一齐光明，万象全部显现。世人的本性经常沉浮游动，就像那遮蔽青天的云。

"善知识！智像日，慧像月，智慧永远是光明的，由于着境，被妄念这个浮云盖覆了光明，使自性不能明朗。如果碰到善知识，听到了真正的佛法，自己除去自心中的迷妄，使内外一齐明彻，在自性中万法就全部显现。见性的人，也是这样。这叫清净法身佛。

"善知识！自己的心皈依自己本性，是皈依真佛。自皈依的人，除去自性中的不善心、嫉妒心、谄曲心、吾我心、诳妄心、轻人心、慢他心、邪见心、高傲心，及一切不善行为；永远自己见自己过错，不说别人的好坏是非，是自皈依。永远需要定下决心，对一切人都加以恭敬，这就是见性通达一切，而没有滞塞障碍，是自皈依。"

原典

"何名圆满报身？譬如一灯能除千年暗，一智能灭万年愚。莫思向前[1]，已过不可得；常思于后，念念圆明，自见本性。善恶虽殊，本性无二；无二之性，名为实性。于实性中，不染善恶，此名圆满报身佛。自性起一念恶，灭万劫善因；自性起一念善，得恒河沙恶尽。直至无上菩提，念念自见，不失本念，名为报身。

"何名千百亿化身？若不思万法，性本如空；一念思量，名为变化。思量恶事，化为地狱；思量善事，化为天堂。毒害化为龙蛇，慈悲化为菩萨，智慧化为上界，愚痴化为下方。自性变化甚多，迷人不能省觉。念念起恶，常行恶道；回一念善，智慧即生，此名自性化身佛。

"善知识！法身本具，念念自性自见，即是报身佛。从报身思量，即是化身佛。自悟自修自性功德，是真归依。皮肉是色身，色身是舍宅，不言归依也。但悟自性三身，即识自性佛。

"吾有一'无相颂'，若能诵持，言下令汝积劫迷罪，一时消灭。"颂曰：

迷人修福不修道②，只言修福便是道；
布施供养福无边，心中三恶元来造。
拟将修福欲灭罪，后世得福罪还在；
但向心中除罪缘，各自性中真忏悔。
忽悟大乘真忏悔，除邪行正即无罪；
学道常于自性观，即与诸佛同一类。
吾祖唯传此顿法，普愿见性同一体③；
若欲当来觅法身，离诸法相心中洗④。
努力自见莫悠悠⑤，后念忽绝一世休⑥；

若悟大乘得见性，虔恭合掌至心求[7]。

师言："善知识！总须诵取，依此修行，言下见性。虽去吾千里，如常在吾边。于此言下不悟，即对面千里，何勤远来？珍重好去。"

一众闻法，靡不开悟，欢喜奉行。

注释

①**向前**：即从前，不是现在"向前进"的向前。

②**修福不修道**：修福不是修道，是禅宗的基本观念。他们认为，把修福当作修道的，乃是迷人。因为修福无法消除罪过。罪过是心所造，只有从心中除去造过因缘，于自性中真正忏悔，才能除罪成佛。这一"无相颂"，就是论说修道和修福的差别。

③**同一体**：指自性是万法共同的本体。

④**心中洗**：心中"洗"净即觅得法身。

⑤**悠悠**：悠闲自得，漫不经心。

⑥**一世休**：让以后的念头全部断绝就一切全休。

⑦**至心求**：即到心里寻求。

译文

"什么叫圆满报身？譬如一灯能除去千年黑暗，一智能消灭万年愚昧。不要总想着过去的事，已经过去的不会再回来；要常思量以后的行为，念念圆满光明，自己见自己本性。善和恶虽然不同，本性却没有差异；这唯一无二的性，名叫实性。在实性中，不染善恶，这叫圆满报身佛。自性若兴起一个恶念，就会消灭万劫的善因；自性若兴起一个善念，就会使恒河沙数的恶消灭净尽。直到无上菩提，念念自见，不失正念，名为报身。

　　"什么叫千百亿化身？如果不去思想万法，自性本来就像一片晴空；对万法生起一个念头去思量什么，就叫作变化。思量恶事，就化为地狱；思量善事，就化为天堂。毒害之心化为龙蛇，慈悲之心化为菩萨；智慧化为上界，愚痴就化为下方。自性的变化很多，迷误的人不能省察觉悟。念念都起恶心，就会永远堕于恶道；回心转意一念兴起善心，智慧就会发生，这叫自性化身佛。

　　"善知识！法身本来自己具有，自己在自性中念念都能见到，就是报身佛。思量这个报身，就是化身佛。自己觉悟、自己修持自性中的功德，是真皈依。皮肉是色身，色身是舍宅，对于色身是无所谓皈依的。只要悟得自性中的三身，就是识得自性中的佛。

　　"我有一个'无相颂'，送给你们，如果能读诵、修持，立即就让你们把多少劫以来因迷误造成的罪过，一刹时全部消灭。"颂道：

迷人修福不修道，只言修福便是道；

布施供养福无边，心中三恶元来造。

拟将修福欲灭罪，后世得福罪还在；

但向心中除罪缘，各自性中真忏悔。

忽悟大乘真忏悔，除邪行正即无罪；

学道常于自性观，即与诸佛同一类。

吾祖唯传此顿法，普愿见性同一体；

若欲当来觅法身，离诸法相心中洗。

努力自见莫悠悠，后念忽绝一世休；

若悟大乘得见性，虔恭合掌至心求。

大师说："善知识！这首'无相颂'，都要诵念，牢记在心。照这颂修行，就会立刻见性。虽然离我千里，就像常在我身边一样。如果不能领会这一点，即使对面相坐，也如远隔千里，何必远道而来？希望大家各自珍重，一路平安。"

大家听完法，都心窍顿开，立即领悟，于是都欢欢喜喜，努力奉行。

7 机缘第七

原典

师自黄梅得法，回至韶州曹侯村，人无知者。（他本云：师去时至曹侯村，住九月余。然师自言，不经三十余日，便至黄梅。此求道之切，岂有逗留？作去时者非是。）

有儒士刘志略，礼遇甚厚。志略有姑为尼，名无尽藏，常诵《大涅槃经》，师暂听，即知妙义，遂为解说。尼乃执卷问字，师曰："字即不识，义即请问。"尼曰："字尚不识，焉能会义？"师曰："诸佛妙理，非关文字。"尼惊异之，遍告里中耆德①云："此是有道之士，宜请供养。"有魏（魏，一作晋）武侯②玄孙曹叔良及居民竞来瞻礼。

时宝林古寺，自隋末兵火，已废。遂于故基重建梵宇，延师居之，俄成宝坊③。师住九月余日，又为恶党寻逐，师乃遁于前山。被其纵火焚草木，师隐身挨入石中得免。石今有师趺坐膝痕及衣布之纹，因名"避难石"。师忆五祖"怀会止藏"之嘱④，遂行隐于二邑焉。

僧法海，韶州曲江人也。初参祖师，问曰："即心即佛，愿垂指喻。"

师曰："前念不生即心，后念不灭即佛。成一切相即心，离一切相即佛。吾若具说，穷劫不尽。听吾偈曰：'即心名慧，即佛乃定；定慧等持，意中清净。悟此法门，由汝习性；用本无生⑤，双修是正。'"

法海言下大悟，以偈赞曰：

即心元是佛，不悟而自屈。

我知定慧因，双修离诸物。

注释

①**耆德**：耆，年老。耆德，年老而德高的人。
②**武侯**：指曹操。曹操曾为汉武平侯。
③**宝坊**：坊，住宅区。宝坊，宝地。因惠能住宝林寺，僧俗云集，周围就成了住宅区。此言惠能为人向往。
④**"怀会止藏"之嘱**：指惠能辞别五祖时，五祖嘱咐他"逢怀则止，遇会则藏"。下文所说的"二邑"，即指

怀、会二邑，现在为广东怀集、四会二县。

⑤**用本无生**：定是慧体，慧是定用，但用本来不是由定产生的。下文的"双修"，即定慧"双修"。

译文

大师从黄梅得到佛法，回到了韶州曹侯村，没有人知道这回事。（有的本子上说，大师去黄梅求法时，到了曹侯村，村旁有条溪水，叫曹溪。在曹侯村，大师住了九个多月。然而大师自己说，前后不过三十来天，就到了黄梅。这说明大师求道心切，岂肯逗留？去黄梅之前曾在曹侯村逗留的说法是错误的。）

曹侯村有个儒士，名叫刘志略，对大师非常尊敬和厚待。志略有个姑母，出家为尼，名叫无尽藏，常常诵念《大涅槃经》，大师一听她所念经句，就知道其中的妙义，并给予解说。无尽藏问经上的字，大师说："字不认识，经义尽管发问。"无尽藏说："字都不认识，怎能知道经义？"大师说："诸佛的妙理，与文字并无关系。"无尽藏听大师这样说，非常惊异，就告诉村里那些德高望重的老人说："惠能是个有道之士，应该请来供养。"于是魏武侯曹操的玄孙曹叔良和一些村民就纷纷前来瞻仰大师，向大师礼拜。

这时，村旁有座宝林古寺，因为隋末战乱，遭到废弃。于是村民们就在过去的地基之上，重新建了庙宇，请大师住在里面。不久，寺旁就住了许多人，宝林寺就成了名刹。大师在宝林寺住了九个多月，又被恶党追杀，大师逃到寺前山中。恶人放火焚烧草木，大师躲在山石中，得免被害。现在石头上还有大师趺坐的膝痕和衣服上的布纹，那石头因此被称作"避难石"。大师想起五祖"逢怀则止，遇会则藏"的嘱咐，就在怀集、四会两县隐遁起来。

僧人法海，韶州曲江县人（今广东曲江）。在初次参拜祖师时，问道："即心即佛是什么意思，请大师为我解说。"

大师说："从前的念头不再升起，就是心；以后的念头不会消灭，就是佛。成就一切相，就是心；离开一切相，就是佛。我若是一件一件说下去，千劫万劫也说不完。听我念偈：'即心名慧，即佛乃定；定慧等持，意中清净。悟此法门，由汝习性；用本无生，双修是正。'"

法海立刻领悟，作偈赞颂道：

即心元是佛，不悟而自屈。

我知定慧因，双修离诸物。

僧法达，洪州人，七岁出家，常诵《法华经》。来礼祖师，头不至地①。师诃曰："礼不投地，何如不礼！汝心中必有一物，蕴习何事耶？"

曰："念《法华经》已及三千部。"

师曰："汝若念至万部，得其经意，不以为胜，则与吾偕行。汝今负此事业，都不知过。听吾偈曰：'礼本折慢幢②，头奚不至地？有我③罪即生，亡功福无比④。'"

师又曰："汝名什么？"

曰："法达。"

师曰："汝名法达，何曾达法？"复说偈曰：

> 汝今名法达，勤诵未休歇；
> 空诵但循声⑤，明心⑥号菩萨。
> 汝今有缘故，吾今为汝说；
> 但信佛无言⑦，莲华从口发⑧。

达闻偈，悔谢曰："而今而后，当谦恭一切。弟子诵《法华经》，未解经义，心常有疑。和尚智慧广大，愿略说经中义理。"

师曰："法达！法即甚达，汝心不达。经本无疑，汝心自疑。汝念此经，以何为宗？"

达曰："学人根性暗钝，从来但依文诵念，岂知宗趣？"

师曰："吾不识文字，汝试取经诵一遍，吾当为汝解说。"

法达即高声念经，至《譬喻品》，师曰："止！此经元来以因缘出世为宗。纵说多种譬喻，亦无越于此。何者因缘？经云：'诸佛世尊，唯以一大事因缘出现于世。''一大事'者，佛之知见也。世人外迷着相，内迷着空；若能于相离相，于空离空，即是内外不迷；若悟此法，一念心开，是为开佛知见。佛犹觉也，分为四门：开觉知见，示觉知见，悟觉知见，入觉知见。若闻'开、示'，便能'悟、入'，即觉知见本来真性，而得出现。汝慎勿错解经意，见他道'开、示、悟、入'，自是佛之知见，我辈无分。若作此解，乃是谤经、毁佛也。彼既是佛，已具知见，何用更开？汝今当信佛知见者，只汝自心，更无别佛。

"盖为一切众生自蔽光明，贪爱尘境，外缘⑨内扰，甘受驱驰⑩，便劳他世尊从三昧起，种种苦口，劝令寝息，莫向外求，与佛无二，故云开佛知见。吾亦劝一切人，于自心中常开佛之知见。世人心邪，愚迷造罪，口善心恶，贪嗔嫉妒，谄佞我慢⑪，侵人害物，自开众生知见。若能正心，常生智慧，观照自心，止恶行善，是自开佛之知见。汝须念念开佛知见，勿开众生知见。开佛知见即是出世，开众生知见即是世间。汝若但劳劳执念以为功课者，何异牦牛爱尾⑫？"

达曰："若然者，但得解义，不劳诵经耶？"

师曰："经有何过？岂障汝念？只为迷悟在人，损益由己。口诵心行，即是转经⑬；口诵心不行，即是被经转。听吾偈曰：'心迷《法华》转，心悟转《法华》⑭，诵经久不明，与义作仇⑮。无念念即正，有念念成邪，有无俱不计，长御白牛车⑯。'"

达闻偈，不觉悲泣，言下大悟，而告师曰："法达从昔以来，实未曾转《法华》，乃被《法华》转。"再启曰："经云：'诸大声闻，乃至菩萨，皆尽思共度量，不能测佛智。'今令凡夫但悟自心，便名佛之知见，自非上根，未免疑谤。又经说三车：羊、鹿、牛车与白牛之车，如何区别？愿和尚再垂开示。"

师曰："经意分明，汝自迷背。诸三乘人，不能测佛智者，患在度量也。饶伊尽思共推，转加悬远。佛本为凡夫说，不为佛说。此理若不肯信者，从他退席。殊不知坐却白牛车，更于门外觅三车。况经文明向汝道：'唯一佛乘，无有余乘，若二若三，乃至无数方便，种种因缘，譬喻言词，是法皆为一佛乘故。'汝何不省三车是假，为昔时故；一乘是实，为今时故。只教汝去假归实；归实之后，实亦无名。应知所有珍财，尽属于汝，由汝受用。更不作父想，亦不作子想，亦无用想，是名持《法华经》。从劫至劫，手不释卷；从昼至夜，无不念时也。"

达蒙启发，踊跃欢喜，以偈赞曰：

> 经诵三千部，曹溪[17]一句亡[18]。
> 未明出世旨，宁歇累生狂？
> 羊鹿牛权设，初中后善扬。
> 谁知火宅内，元是法中王？

师曰："汝今后方可名念经僧也。"达从此领玄旨，亦不辍诵经。

注释

①**头不至地：**古代男子的跪拜礼大体分两种：头触地即起称"顿首"，触地时间较长再起称"稽首"，但均要求头触地，以表示对受礼者的崇拜和恭敬。法达来拜，但"头不至地"，所以遭惠能呵斥。下文"礼不投地"，即行跪拜礼，头不至地的意思。

②**慢幢：**幢，本是一种旗帜，此处当指佛教的经幢，即一根粗大而直立的石柱，上刻经文。慢幢，喻傲慢，见师长仍如石柱挺立的人。

③**有我**：即心中有个"我"。心中有我，就产生人与我的差别，就产生分别相，不合教义。

④**亡功福无比**：有我的人无功德，所求得的福田无法和功德相比。

⑤**循声**：如牙牙学语，只知其声音，不解其意。

⑥**明心**：即心明其义。惠能认为只有这样才是菩萨。

⑦**佛无言**：佛是不说话的，佛法只是以心传心。佛说法，乃是为钝根人，不得已，随缘方便。这是进一步教法达不要只知诵经。

⑧**莲华从口发**：莲华，即莲花。此处语意双关，暗指懂得佛无言，因而领悟，一部《妙法莲华经》即可从口发，不必依赖诵习。

⑨**外缘**：即因缘和合受外境干扰、刺激。

⑩**驱驰**：即被外境和内扰所驱驰。

⑪**我慢**：因心中有自我而傲慢无礼。

⑫**牦牛爱尾**：牦牛，尾毛细长而美，古人常用作衣服。喻耽染五欲，贪着名闻利养。

⑬**转经**：转，变化、转化。转经，指悟知经义，使经转为我用。下文的"经转"，是不知经义，只知跟着字面的意思走。

⑭**《法华》**：即《法华经》。

⑮**仇家**：即仇人。诵经而不知义，和经义成了仇人。

⑯**白牛车**：指最上乘。

⑰**曹溪**：指惠能，如黄梅指弘忍。

⑱**一句亡**：指惠能一番话使他明白，原来的诵经三千部都是徒劳。

译文

僧人法达，洪州人（今江西南昌市），七岁出家，长期诵念《法华经》。来礼拜六祖，行礼时头不着地。大师呵斥道："行礼头不着地，不如不行礼！你心中有一件东西，在寻思什么呢？"

法达说："我念《法华经》，已经念了三千遍。"

大师说："假如你念到一万遍，得到了经的大意，并且不因此觉得胜过别人，就和我差不多了。你现在以这点事业自负，还完全不知道过错。你且听我说偈：'礼本折慢幢，头奚不至地？有我罪即生，亡功福无比。'"

大师又说："你叫什么名字？"

回答说："法达。"

大师说："你名叫法达，何时曾经达法？"于是又说了一偈：

　　　　汝今名法达，勤诵未休歇；

　　　　空诵但循声，明心号菩萨。

汝今有缘故，吾今为汝说；

但信佛无言，莲华从口发。

法达听完偈，惭愧地向大师谢罪说："从今以后，我一定对一切都谦虚、恭敬。弟子我念诵《法华经》，没有理解经义，心中常有疑惑。和尚智慧广大，请为我大致解说一下经的义理。"

大师说："法达！佛法非常通达，你的心却不通达。经上本来没有疑惑，你自己心里犯疑。你念这经，可知这经宗旨？"

法达说："弟子根性暗昧迟钝，从来都只是照文字念诵，哪里知道宗旨归趣？"

大师说："我不认得字，你去把经拿来念上一遍，我会给你解说的。"

法达于是就高声念经，念到《譬喻品》，大师说："停！这经原来是以因缘出世为宗。无论说多少譬喻，都没有超出这一点。什么是因缘？经上说：'诸佛世尊，唯以一大事因缘出现于世。''一大事'，就是佛的知见。世人对外迷惑执着于相，对内迷惑执着于空；假若能遇相脱离相，遇空脱离空，就是内外都不迷惑；假如领悟这个法门，心里一旦豁然开朗，就叫作开佛知见。佛，就是觉，分为四个方面：开觉知见，示觉知见，悟觉知见，入觉知见。如果听到'开、示'就能'悟、入'，就是觉知见的本来真性得以出现了。你要慎重，不要错误地理解了经的大意，见经上说了'开、示、悟、入'，认为那都是佛的知见，与我们没有缘分。假如作这样理解，就是谤经、毁佛。他已经是佛，已经具有知见，哪里用得着再去开佛知见？你现在应当坚信佛的知见，就是你自己的心，到处再没有佛。

"只是由于所有的众生自己障蔽了心中的光明，贪爱尘境，外面因缘和合遭受刺激，内心又被烦恼、妄见扰乱，甘心遭受外境、内扰的驱使，于是才劳动世尊从三昧中起，种种苦口解说，劝世人丢掉那些贪爱烦恼，不要再向外寻求，这样就与佛没有差别，所以说是开佛知见。我也劝所有的人，在自己心中常开佛的知见。世人心邪，因为愚昧迷惑造下罪业，口上说善却心怀恶念，贪婪、嗔怪、嫉妒、谄媚、奸佞、推尊自我，傲慢无礼，侵犯别人，败坏事物，自己开众生知见。假如能端正自己的心，总使心中生起智慧，观照自己的心，停止恶念，专行善事，就是自己开了佛的知见。你要念念开佛知见，不开众生知见。开佛知见就是出世，开众生知见就是世间。假若你只是辛辛苦苦执着于念诵就是功课，和那牦牛爱自己的尾巴有什么差别？"

法达说："照这样说，只要理解经义，就不用辛苦诵经了吗？"

大师说："经有什么过错？哪里会妨碍你念诵？只是由于愚迷和觉悟都在于人，受损和得益都在于己。口里念诵心里实行，就是转经；口里念诵心里不实行，就是被经所转。听我的偈：'心迷《法华》转，心悟转《法华》，诵经久不明，与义作仇家。无念念即正，有念念成邪，有无俱不计，长御白牛车。'"

法达听完偈，不知不觉就悲哀哭泣，并且立刻领悟，对大师说："法达从过去以来，确实不曾转《法华》，而是被《法华》所转。"法达还对大师说："经上说：'诸大声闻，乃至菩萨，都竭尽思虑去测度，也不能测得佛的智慧。'现在让凡人只要自己心里觉悟，就叫作佛的知见，倘若本来不是上根，免不了会起怀疑和诽谤。又经上说的三车：羊车、鹿车、牛车与白牛车，怎样区别？请和尚再垂恩开导指示。"

大师说："经意说得分明，你自己迷误、违背了。所有的三乘人，不能测得佛的智慧，原因就在于他们要去测度。不论他们用尽多少心思去作推测，愈推测就离题愈远。佛本来就是对凡夫说法，不是对佛说的。如果不肯相信这个道理，那就听凭他中途退出不要再听。岂不知他坐的就是白牛车，还要到门外去觅什么三车。况且经文明明白白对你说：'只有一个佛乘，没有其他诸乘，若说有二乘、有三乘，以至无数的方便说法，种种因缘，譬喻的言辞，所有这些说法都是根据这一个佛乘。'你怎么不能明白三车是假，说的是过去；一乘才是实，说的是现在。只要求你丢开假而皈依实；皈依实以后，实也就无所谓实。应该明白，所有的珍宝财物，全部都属于你，由你受用。不要想什么这部分财产属于父亲，那部分财产属于儿子，甚至想也不要想，这才叫作读《法华经》。一劫又一劫，都手不释卷；从白天到黑夜，无时不在诵念。"

法达接受了大师的启发，欢喜地跳起来，用偈来赞颂道：

> 经诵三千部，曹溪一句亡。
>
> 未明出世旨，宁歇累生狂？
>
> 羊鹿牛权设，初中后善扬。
>
> 谁知火宅内，元是法中王？

大师说："从今以后，你才可以被称为念经的人。"法达从此领会了那深奥的道理，但也不停止诵经。

原典

僧智通，寿州安丰人。初看《楞伽经》约千余遍，而不会三身四智，礼师求解其义。师曰："三身者，清净法身，汝之性也；圆满报身，汝之智也；千百亿化身，汝之行也。若离本性，别说三身，即名有身无智。若悟三身无有自性，即明四智菩提。听吾偈曰：'自性具三身，发明成四智。不离见闻①缘，超然登佛地。吾今为汝说，谛信永无迷。莫学驰求②者，终日说菩提。'"

通再启曰："四智之义，可得闻乎？"

师曰："既会三身，便明四智，何更问耶？若离三身，别谈四智③，此名有智无身；即此有智，还成无智。"复说偈曰：

> 大圆镜智性清净，平等性智心无病。
> 妙观察智见非功，成所作智同圆镜。
> 五八六七果因转④，但用名言无实性⑤。
> 若于转处不留情，繁兴永处那伽定。

（如上转识为智也。教中云：转前五识为成所作智，转第六识为妙观察智，转第七识为平等性智，转第八识为大圆镜智。虽六、七因中转，五、八果上转，但转其名，而不转其体也。）通顿悟性智，遂呈偈曰：

> 三身元我体，四智本心明；
> 身智融无碍，应物任随形。
> 起修皆妄动，守住匪真精⑥；
> 妙旨因师晓，终亡染污名。

僧智常，信州贵溪人，髫年⑦出家，志求见性。一日参礼，师问曰："汝从何来，欲求何事？"

曰："学人近往洪州白峰山礼大通和尚，蒙示见性成佛之义。未决狐疑，远来投礼，伏望和尚慈悲指示。"

师曰："彼有何言句？汝试举看。"

曰："智常到彼，凡经三月，未蒙示诲。为法切故⑧，一夕独入丈室，请问：'如何是某甲本心本性？'大通乃曰：'汝见虚空否？'对曰：'见彼。'曰：'汝见虚空有相貌否？'对曰：'虚空无形，有何相貌？'彼曰：'汝之本性，犹如虚空，了无一物可见，是名正见。无一物可知，是名真知。无有青黄长短，但见本源清净，觉体圆明，即名见性成佛，亦名如来知见。'学人虽闻此说，犹未决了，乞和尚开示。"

师曰："彼师所说，犹存见知，故令汝未了。吾今示汝一偈：'不见一法存无见⑨，大似浮云遮日面。不知一法守空知，还如太虚生闪电。此之知见瞥然兴，错认何曾解方便？⑩汝当一念自知非，自己灵光常显现。'"

常闻偈已，心意豁然，乃述偈曰：

> 无端起知见，着相求菩提；
> 情存一念悟，宁越昔时迷。
> 自性觉源体，随照枉迁流；

不入祖师室，茫然趣两头[11]。

智常一日问师曰："佛说三乘法，又言最上乘，弟子未解，愿为教授。"

师曰："汝观自本心，莫着外法相。法无四乘，人心自有等差。见闻转诵是小乘，悟法解义是中乘，依法修行是大乘。万法尽通，万法俱备，一切不染，离诸法相，一无所得，名最上乘。乘是行义，不在口争。汝须自修，莫问吾也。一切时中，自性自如。"

常礼谢执侍，终师之世。

注释

①**不离见闻**：不必不见不闻。

②**驰求**：向外求。

③**别谈四智**：在三身之外谈四智，即"别谈四智"。

④**五八六七果因转**：五，前五识。八、六、七，分别指第八、第六、第七识。转，即八识分别转为四智。

⑤**但用名言无实性**：只变名而不变实。

⑥**守住匪真精**：守住也不是好办法。

⑦**髫年**：髫，古代儿童头上下垂的短发。髫年，指童年。

⑧**为法切故**：因为求法心切。

⑨**不见一法存无见**："不见一法"即上文所说"无一物可见"，这样就是心存"无见"。心存"无见"也是执着，所以下文说"似浮云遮日"。

⑩以上四句意为：认为无一物可知因而株守空，这样的知，仅如闪电，是突然兴起又突然消失的短暂之知，或一得之知，一孔之见；认为这样的知即真知就是错认，错认的原因在于不懂得随缘方便。

⑪**两头**：着相是一头，存无、守空另一头。知着相不对，悟得空无，以为找到了本体、根源，其实也非正法，茫然而已。

译文

僧人智通，寿州安丰（治在今安徽霍邱县西）人。起初看《楞伽经》，大约看了一千多遍，却不理解什么叫三身四智，来礼拜大师请求得到解释。大师说："三身之中，清净法身，是你的本性；圆满报身，是你的智慧；千百亿化身，是你的行为。假如离开本性，对三身作另一种解释，就叫作有身无智。若悟得三身都没有自性，就明白了四智菩提。听我念偈：'自性具三身，发明成四智。不离见闻缘，超然登佛地。吾今为汝说，谛信永无迷。莫学驰求者，终日说菩提。'"

智通又问道："四智的意思，可再讲说一下吗？"

大师说："既然领会三身，也就明白四智，还要问个什么？假若离开三身，另外说一个四智，这叫作有智无身。并且这个有智，也就又变成了无智。"又说偈道：

大圆镜智性清净，平等性智心无病。

妙观察智见非功，成所作智同圆镜。

五八六七果因转，但用名言无实性。

若于转处不留情，繁兴永处那伽定。

（以上所说，是把识转为智。教中说道：把前五识转为成所作智，把第六识转为妙观察智，把第七识转为平等性智，把第八识转为大圆镜智。虽然第六、第七识是在因中转，第五、第八识是在果上转，也只是转了它们的名，并没有转它们的体。）智通立即领悟了本性四智，就呈上一首偈道：

三身元我体，四智本心明；

身智融无碍，应物任随形。

起修皆妄动，守住匪真精；

妙旨因师晓，终亡染污名。

僧人智常，信州贵溪（今江西贵溪）人，少年出家，志在见自己本性。有一天来参拜，大师问道："你从哪里来？有什么要求？"

智常说："学生最近到洪州白峰山参拜大通和尚，承蒙他传授见性成佛的奥义，只是有一些疑惑未能消除。因此，我特地远来顶礼，还请和尚慈悲给予开示。"

大师说："他都说了些什么？你倒说说看。"

智常回答道："智常到那里，过了三个月，还未得到教诲。因为求法心切，就在一天晚上独自走进大通和尚住室，请问什么是我自己的本心本性。大通就说：'你看到虚空了吗？'我说：'看到了。'他说：'你看虚空有相貌吗？'我说：'虚空没有形体，怎么会有相貌？'他说：'你的本性，就像虚空，其中没有一件可以看到的事物，这就叫正见；其中没有一件可以识知的事物，这叫真知。没有黑白青黄，也没有长短大小，只见本源清净，知觉的本体圆明，这就叫见性成佛，也叫作如来知见。'学生虽然听了这个说法，还是未敢坚信，请求和尚开导、指示。"

大师说："他所说的，还尚存着见和知，义理歪曲，所以让你未能全然明白。我现在给你一首偈：

> 不见一法存无见，大似浮云遮日面。
> 不知一法守空知，还如太虚生闪电。
> 此之知见瞥然兴，错认何曾解方便？
> 汝当一念自知非，自己灵光常显现。"

智常听了偈，心里豁然开朗，就也念了一偈：

> 无端起知见，着相求菩提；
>
> 情存一念悟，宁越昔时迷。
>
> 自性觉源体，随照枉迁流；
>
> 不入祖师室，茫然趣两头。

有一天，智常问大师："佛说了三乘法，又说最上乘，弟子不理解，请加以教导。"

大师说："你观自己的本心，不要染着外界的法相。佛法没有四乘，人心却有所不同。从见闻诵念中得来的，是小乘；领悟了佛法，理解了经义，是中乘；依佛法修行，是大乘。万法全部通达，万法全都具备，又一切不加染着，脱离所有法相，一无所得，这就叫最上乘。乘的意思是行，不在口舌之争。你必须自己修持，不要问我。一切时间里，自性都圆通自如。"

智常拜谢，侍奉在大师身旁，直到大师圆寂。

原典

僧志道，广州南海人也。请益，曰："学人自出家，览《涅槃经》十载有余，未明大意，愿和尚垂诲。"

师曰："汝何处未明？"

曰："诸行无常，是生灭法；生灭灭已，寂灭为乐。

于此疑惑。"

师曰："汝作么生疑？"

曰："一切众生，皆有二身，谓色身、法身也。色身无常，有生有灭；法身有常，无知无觉。经云'生灭灭已，寂灭为乐'者，不审何身寂灭，何身受乐？若色身者，色身灭时，四大分散；全然是苦，苦不可言乐。若法身寂灭，即同草木瓦石，谁当受乐？又法性是生灭之体，五蕴是生灭之用；一体五用，生灭是常。生则从体起用，灭则摄用归体。若听更生，即有情之类，不断不灭；若不听更生，则永归寂灭，同于无情之物。如是则一切诸法，被涅槃之所禁伏，尚不得生，何乐之有？"

师曰："汝是释子，何习外道断常邪见，而议最上乘法？据汝所说，即色身外别有法身，离生灭求于寂灭；又推涅槃常乐，言有身受用。斯乃执吝生死，耽着世乐。汝今当知，佛为一切迷人认五蕴和合为自体相，分别一切法为外尘相。好生恶死，念念迁流，不知梦幻虚假，枉受轮回，以常乐涅槃翻为苦相，终日驰求；佛愍此故，乃示涅槃真乐，刹那无有生相，刹那无有灭相，更无生灭可灭，是则寂灭现前。当现前时，亦无现前之量，乃谓常乐。此乐无有受者，亦无不受者，岂有一体五用之名？何况更言涅槃禁伏诸法，令永不生？斯乃谤佛毁法。听吾偈曰：'无上大涅槃，圆明常寂照；凡愚谓之死，外道执为断。诸求二乘人，目以为无作；^①尽属情所计，六十二见本。^②妄立虚假名，何为真实义？唯有过量人，通达无取舍^③。以知五蕴法，及以蕴中我；外现众色象，一一音声相。平等如梦幻^④，不起凡圣见；不作涅槃解，二边二际断。常应诸根用，而不起用想；分别一切法，不起分别想^⑤。劫火烧海底，风鼓山相击；真常寂灭乐，涅槃相^⑥如是。吾今强言说，令汝舍邪见；汝勿随言解^⑦，许汝知少分。'"

志道闻偈大悟，踊跃作礼而退。

行思禅师，生吉州安城刘氏，闻曹溪法席盛化，径来参礼，遂问曰："当何所务，即不落阶级^⑧？"

师曰："汝曾作什么来？"

曰："圣谛亦不为。"

师曰："落何阶级？"

曰："圣谛尚不为，何阶级之有？"师深器之，令思首众。

一日，师谓曰："汝当分化一方，无令断绝。"思即得法，遂回吉州青原山，弘法绍化（谥弘济禅师）。

怀让禅师，金州杜氏子也。初谒嵩山安国师，安发之曹溪参扣。让至，礼拜。

师曰："甚处来？"

曰："嵩山。"

师曰:"什么物恁么来?"

曰:"说似一物即不中。"

师曰:"还可修证否?"

曰:"修证即不无,污染即不得。"

师曰:"只此不污染,诸佛之所护念。汝既如是,吾亦如是。西天般若多罗谶:'汝足下出一马驹,踏杀天下人。'应在汝心,不须速说。"(一本无"西天"以下二十七字。)让豁然契会,遂执侍左右一十五载,日臻玄奥。后往南岳,大阐禅宗(敕谥大慧禅师)。

注释

①以上四句意为:凡愚之人把涅槃看作死,外道把涅槃看作断,求二乘的人把涅槃看作不会再造作的死寂。

②以上二句意为:这都是他们自己那么认为,其实不那么回事;他们的认为,是六十二种错误见解的根。

③**通达无取舍:**不在虚假与真实之间取此舍彼。

④**梦幻:**色相,音声相,都同样是梦幻。

⑤**不起分别想:**用而不起用想,分别但不起分别想,涅槃也不作涅槃解。

⑥**涅槃相:**涅槃不是寂静死灭无造作,而是大火烧海底海水沸腾,暴风吹山岳山相撞击。

⑦**勿随言解：**不要跟着我的字面意思走。如不要认为涅槃真个是风吹山相击。

⑧**阶级：**等级，次第。

译文

僧人志道，广州南海（今广州市）人。他希望继续长进、提高，就请示大师说："学生从出家以来，读《涅槃经》有十多年，却不明白大意，请和尚教诲。"

大师说："你哪里不明白？"

志道回答："诸行无常，是生灭法；生灭灭已，寂灭为乐。对这话有疑惑。"

大师说："你为什么产生疑惑？"

志道答："一切众生，都有二身，这就是色身和法身。色身无常，有生有灭；法身有常，无知无觉。经上说'生灭灭已，寂灭为乐'，不知是哪个身寂灭，哪个身得到快乐？如果是色身，色身灭的时候，四大分散；完全是苦，苦不可以说是乐。若法身寂灭，那么色身就和草木瓦石一样，还有谁得到快乐？还有，法性是生灭的本体，五蕴是生灭的应用；一体有五用，生灭是永恒的。生，就从体产生用；灭，就把用收回归于体。如果听其再生，那么有情众生就不断绝也不消灭；如果不听任它们再生，就永远归于寂灭，并且和无情之物相同。假如这样，一切法就都被涅槃辖禁、制伏，生命尚且得不到，哪里还有什么乐？"

大师说："你是释家弟子，怎能吸取这些外道的断常邪见，来批评那最上乘法？据你所说，则色身之外还另有一个法身，要脱离生灭轮回去寻求寂灭；又推论说涅槃常乐，要有某个身来受用。这些都是丢不开生命，贪婪世上享乐的想法。你现在应当知道，佛只是对于一切愚迷的人，把五蕴和合叫作'我''自体'，把一切法加以分别，叫作'外尘'。愚迷的人好生恶死，念头一个接着一个，好像斩不断的流水，不知道人生如梦幻般虚假，徒然在轮回这条锁链上转圈，反而把永恒快乐的涅槃看作痛苦，终日里孜孜追求；佛陀怜悯世人的执迷不悟，才向他们显示涅槃这个真正的快乐，每一刹那都没有生，也没有灭，也没有什么生灭可灭，这就是寂灭到来了。当寂灭到来时，也没有个什么东西能让你感受得到这是寂灭，这就是说的永恒快乐。这个快乐没有享受者，也没有不享受者，哪里有什么'我'，什么'自体'之类？何况又说什么涅槃辖禁、制伏了一切法，让它们永远失去生命？这都是诽谤佛陀，诋毁佛法。听我念偈：'无上大涅槃，圆明常寂照；凡愚谓之死，外道执为断。诸求二乘人，目以为无作；尽属情所计，六十二见本。

妄立虚假名，何为真实义？唯有过量人，通达无取舍。以知五蕴法，及以蕴中我；外现众色象，一一音声相。平等如梦幻，不起凡圣见；不作涅槃解，二边二际断。常应诸根用，而不起用想；分别一切法，不起分别想。劫火烧海底，风鼓山相击；真常寂灭乐，涅槃相如是。吾今强言说，令汝舍邪见；汝勿随言解，许汝知少分。'"

志道听了偈，立刻领悟，高兴踊跃，向大师行礼退下。

行思禅师，出生于吉州安城（今江西吉安市）刘氏，听说曹溪徒众兴盛，教化道高，就来参拜，并且问道："应当怎么做，才能顿悟而不落阶级？"

大师说："你都做过些什么？"

回答道："连圣谛也不为。"

大师说："那你又落何阶级？"

行思说："圣谛尚且不为，还有什么阶级？"

大师非常器重他，就让行思做众弟子之首座。

有一天，大师对行思说："你应当主持一方教化，并且不要让它断绝。"行思得到指示，就回到吉州青原山，弘扬佛法，教化百姓（谥弘济禅师）。

怀让禅师，是金州（治所在今陕西安康市）杜家的子弟。起初去参谒嵩山安国师，安让他到曹溪参拜。怀让到曹溪，就礼拜大师。

大师问："哪里来？"

怀让答："嵩山。"

大师说："什么东西？又是怎么来的？"

怀让说："说像个东西就不准确了。"

大师问："还可以修证吗？"

怀让答："修证是有的，污染就无所得了。"

大师说："就这个不污染，乃是诸佛所爱惜、保护的。你是如此，我也是如此。西天般若多罗，有一个预言：'你门下将生出一匹马驹，纵横天下，人莫敢当。'这预言在你身上应验了，但你应把这记在心上，不要立即说出来。"（有一种本子，没有"西天……"以下的内容。）怀让对惠能所说心领神会，后在大师左右侍奉达十五年，道行日深，见解日进，后来到了南岳，使禅宗大盛（敕谥大慧禅师）。

原典

永嘉玄觉禅师，温州戴氏子。少习经论，精天台止观法门。因看《维摩经》，发明心地。偶师弟子玄策相访，与其剧谈，出言暗合诸祖。策云："仁者得法师谁？"

曰："我听方等经论，各有师承，后于《维摩经》悟佛心宗，未有证明者。"

策云："威音王已前即得，威音王已后，无师自悟，尽是天然外道。"

曰："愿仁者为我证据。"

策云："我言轻，曹溪有六祖大师，四方云集，并是受法者。若去，则与偕行。"觉遂同策来参。绕师三匝，振锡而立。

师曰："夫沙门者，具三千威仪、八万细行，大德自何方而来，生大我慢？"

觉曰："生死事大，无常迅速。"

师曰："何不体取无生，了无速乎？"

曰："体即无生，了本无速。"

师曰："如是如是。"玄觉方具威仪礼拜，须臾告辞。

师曰："返太速乎？"

曰："本自非动，岂有速耶？"

师曰："谁知非动？"

曰："仁者自生分别。"

师曰："汝甚得无生之意。"

曰："无生岂有意耶？"

师曰："无意谁当分别？"

曰："分别亦非意。"

师曰："善哉！少留一宿。"

时谓"一宿觉"，后著《证道歌》，盛行于世。（谥曰"无相大师"，时称为"真觉"焉。）

禅者智隍，初参五祖，自谓已得正受，庵居长坐，积二十年。师弟子玄策游方至河朔，闻隍之名，造庵问云："汝在此做什么？"

隍曰："入定。"

策云："汝云入定，为有心入耶，无心入耶？若无心入者，一切无情，草木瓦石，应合得定；若有心入者，一切有情含识之流，亦应得定。"

隍曰："我正入定时，不见有有无之心。"

策云："不见有有无之心，即是常定，何有出入？若有出入，即非大定。"

隍无对，良久问曰："师嗣谁耶？"

策云："我师曹溪六祖。"

隍云："六祖以何为禅定？"

策云："我师所说，妙湛圆寂，体用如如。五阴本空，六尘非有，不出不入，不定不乱。禅性无住，离住禅寂；禅性无生，离生禅想。心如虚空，亦无虚空之量。"隍闻是说，径来谒师。

师问云："仁者何来？"隍具述前缘。

师云："诚如所言，汝但心如虚空，不着空见，应用无碍，动静无心，凡圣情忘，能所俱泯，性相如如，无不定时也。"（一本无"汝但"以下三十五字，止云"师悯其远来，遂垂开决"。）

隍于是大悟，二十年所得，心都无影响。其夜，河北士庶闻空中有声云："隍禅师今日得道。"隍后礼辞，复归河北，开化四众。

一僧问师云："黄梅意旨，什么人得？"

师云："会佛法人得。"

僧云："和尚还得否？"

师云："我不会佛法。"

师一日欲濯所授之衣而无美泉，因至寺后五里许，见山林郁茂，瑞气盘旋，师振锡卓地，泉应手而出，积以为池，乃跪膝浣衣石上。

忽有一僧来礼拜云："方辩是西蜀人，昨于南天竺国见达磨大师，嘱方辩速往唐土：'吾传大迦叶正法眼藏及僧伽梨①，见传六代于韶州曹溪，汝去瞻礼。'方辩远来，愿见我师传来衣钵。"

师及出示，次问（一本无"忽有"以下七十六字，止云"有蜀僧方辩谒师，师问"云云）："上人攻何事业？"

曰："善塑。"

师正色曰："汝试塑看。"辩罔措。

过数日，塑就真相，可高七寸，曲尽其妙。师笑曰："汝只解塑性，不解佛性。"师舒手摩方辩顶曰："永为人天福田。"（师仍以衣酬之。辩取衣分为三，一披塑像，一自留，一用棕裹瘗地中。誓曰："后得此衣，乃吾出世住持，于此重建殿宇。"宋嘉祐八年，有僧惟先修殿掘地，得衣如新。像在高泉寺，祈祷辄应。）

有僧举卧轮禅师偈曰：

> 卧轮有伎俩，能断百思想；
> 对境心不起，菩提日日长。

师闻之曰："此偈未明心地。若依而行之，是加系缚。"因示一偈曰：

> 惠能没伎俩，不断百思想；
> 对境心数起，菩提作么长。

注释

①**正法眼藏及僧伽梨：**"正法眼藏"又称"清净法眼"，是禅宗用语。指以心传心的"心"，即他们世代相传的最上乘法。"僧伽梨"是一种僧衣。传正法眼藏与僧伽梨，即传佛法及衣。

译文

永嘉玄觉禅师，温州戴家子弟。自幼诵习经论，精通天台止观法门。因为看《维摩经》，觉得说到了自己心里。大师弟子玄策偶然去拜访，和玄觉畅谈，玄觉的言论往往和诸祖（祖师）相合。玄策问："仁者所得之法是哪个祖师传授？"

玄觉答道："我听的大乘方等经论，都有老师传授，后来读《维摩经》，才悟得佛祖以心传心的宗旨，只是还没有得到祖师印证。"

玄策说："威音王以前，可由个人自悟自得；威音王以后，无师自悟的，都一定是邪门外道。"

玄觉说："请法师给我印证。"

玄策说："我的话分量轻，曹溪有位六祖大师，四面八方修行的人都纷纷前往他那里去接受佛法。你若是想去，我就和你同行。"玄觉接受了玄策的建议，就和玄策一起来参拜六祖大师。玄觉绕着祖师走了三圈，然后顿顿锡杖，站住了。

大师说："做沙门的，应该具备三千威仪、八万细行，大德从哪里来，如此自高自大，傲慢无礼？"

玄觉说："人生最大的事就是生死，生命无常，来去得非常迅速。"

大师说："为什么不去体会无生也无死，明了没有什么迅速不迅速？"

玄觉答道："能体会即无生无死，更何论迅速不迅速？"

大师说："是这样的，是这样的。"玄觉这才按照佛教礼仪，向大师礼拜，然后又立即告辞。

大师说："返回得是不是太快了点？"

玄觉回答："本来我就没有动，哪里还有什么快不快？"

大师说："谁懂得本来不动？"

玄觉回答："那是大师你自己做出动与不动的分别。"

大师说："你对无生无死的意思领会得很透彻。"

玄觉回答："无生无死还有什么意思？"

大师说："没有意思谁能加以分别？"

玄觉回答："分别本身也没有什么意义。"

大师说："善哉！请住一晚再走。"

玄觉也因此被当时的人们称作"一宿觉"。后来，玄觉著《证道歌》，非常流行。（谥号"无相大师"，当时被称作"真觉"。）

禅师智隍，当他起初参拜五祖的时候，就自以为得到了佛法真传，在草庵中长坐，达二十年之久。大师的弟子玄策，云游到了北方，听说智隍的名声，就到了智隍的庵中，问智隍道："你在这里做什么？"

智隍说："入定。"

玄策说："你说的入定，是有心入呢？还是无心入呢？如果是无心人，那一切无情之物，草木瓦石，就都得到了定；如果是有心人，一切有情有识的，也都应得到了定。”

智隍说：“我入定时，不觉得什么有心、无心。”

玄策说：“不觉得什么有心无心，就是永恒的定，哪里有什么出入？假若有了出入，那就不是真定。”

智隍无言以对。过了许久，智隍问道：“法师是谁的法嗣？”

玄策说：“我的老师是曹溪六祖。”

智隍问：“六祖以什么为禅定？”

玄策答道：“我老师所说的禅定，玄妙圆通，清澈寂静，体用都自如本来面目。五阴本是空，六尘不是有，不出也不入，不定也不乱。禅的本性是无住的，因此应该脱离那住于寂静为禅的做法；禅的本性是无生无灭的，因此应该脱离那我在坐禅的想法发生。心像虚空，却不像虚空那样的可以量度。”智隍听了这一番道理，就来拜谒大师。

大师问道：“你到这里有什么事？”智隍讲述了他与玄策相见的经过。

大师说：“的确如玄策所说。只要你心想虚空，又不执着于空，应用没有滞碍，动静不用心思量，忘却凡与圣的差别，泯灭能与所的不同，性与相都自如它们本来面目，就没有不定的时候。"（有一种本子，没有"只要你……"以下的内容，只说"大师怜悯他远道而来，为他作了印证"。）

智隍于是大悟，那二十年中所得到的东西，在心里都没有留下任何印象。那天夜里，河北的官吏、百姓，都听到空中有个声音说："智隍禅师今天得道了。"智隍后来拜别了大师，又回到河北，教化当地的百姓。

有一个僧人问大师："黄梅的意旨，什么人得到了？"

大师说："会佛法的人得到了。"

那僧人说："和尚您可曾得到？"

大师说："我不会佛法。"

有一天，大师要洗五祖传授的僧衣，却找不到好泉水，就到寺后五里多远的一个地方，看到山林茂盛，瑞气笼罩，大师将锡杖顿地，泉应手而出，积聚成一个水池，于是跪下，在石上洗衣。

忽然一位僧人前来礼拜道："我叫方辩，西蜀人，往日在南天竺国见到达磨大师，他要我立即动身，快到大唐国去，说他传授的大迦叶的正法眼藏以及僧伽梨，现在传到了第六代，在韶州曹溪，要我来拜见。方辩我远道而来，希望能看到祖师传来的衣钵。"

大师把祖衣拿给方辩看，并且问道（有一种本子，没有"忽然一位僧人……"以下的内容，只说"有蜀僧方辩谒师，师问"等等）："上人精通什么事业？"

方辩说："善于塑像。"

大师严肃地说："你且塑给我看。"方辩听大师如此说，一时不知所措。

过了几天，方辩塑成了大师的真像，大约高七寸，惟妙惟肖。大师笑道："你只懂塑性，却不懂佛性。"大师伸手抚摩着方辩的头顶说："让这里永远成为人天福田。"【大师把衣服送给了方辩。方辩把衣服分为三份：一份披在塑像上，一份自己保留着，一份用棕裹上，埋进了地里。大师发愿说："以后得到这衣服的，就是我转世来这里住持。那时候，我要重新修建这里的殿宇。"宋朝嘉祐八年（公元一〇六三年），有个和尚叫惟先的，在这里修殿。挖地基时，得到了这件衣服，像新的一样。大师的塑像存放在高泉寺，非常灵验。】

有个僧人给大师读了卧轮禅师的一首偈：

卧轮有伎俩，能断百思想；
对境心不起，菩提日日长。

大师听后说道："这首偈没有弄懂什么叫作心。照这偈行事，将会受到束缚。"因此，大师也说了一首偈：

惠能没伎俩，不断百思想；
对境心数起，菩提作么长。

8 顿渐第八

时，祖师居曹溪宝林，神秀大师在荆南玉泉寺。于时两宗盛化，人皆称南能北秀，故有南北二宗顿渐之分，而学者莫知宗趣。

师谓众曰："法本一宗，人有南北。法即一种，见有迟疾。何名顿渐？法无顿渐，人有利钝，故名顿渐。"

然秀之徒众，往往讥南宗祖师不识一字，有何所长？秀曰："他得无师之智，深悟上乘，吾不如也。且吾师五祖亲传衣法，岂徒然哉？吾恨不能远去亲近，虚受国恩。汝等诸人毋滞于此，可往曹溪参决。"

一日，命门人志诚曰："汝聪明多智，可为吾到曹溪听法，若有所闻，尽心记取，还为吾说。"志诚禀命，至曹溪，随众参请，不言来处。

时，祖师告众曰："今有盗法之人潜在此会。"志诚即出礼拜，具陈其事。

师曰："汝从玉泉来，应是细作。"

对曰："不是。"

师曰："何得不是？"

对曰："未说即是，说了不是。"

师曰："汝师若为示众？"

对曰："常指诲大众，住心观静，长坐不卧。"

师曰："住心观静，是病非禅。长坐拘身，于理何益？听吾偈曰：'生来坐不卧，死去卧不坐；^①一具臭骨头，何为立功课^②？'"

志诚再拜曰："弟子在秀大师处学道九年，不得契悟。今闻和尚一说，便契本心。弟子生死事大，和尚大慈，更为教示。"

师云："吾闻汝师教示学人戒定慧法，未审汝师说戒定慧行相如何？与吾说看。"

诚曰："秀大师说，诸恶莫作名为戒，诸善奉行名为慧，自净其意名为定。彼说如此，未审和尚以何法诲人？"

师曰："吾若言有法与人，即为诳汝。但且随方解缚，假名三昧。如汝师所说戒定慧，实不可思议。吾所见戒定慧又别。"

志诚曰："戒定慧只合一种，如何更别？"

师曰："汝师戒定慧，接大乘人；吾戒定慧，接最上乘人。悟解不同，见有迟疾。汝听吾说，与彼同否？吾所说法，不离自性；离体说法，名为相说，自性常迷。须知一切万法，皆从自性起用，是真戒定慧法。听吾偈曰：'心地无非自性戒，心地无痴自性慧，心地无乱自性定，不增不减自金刚，身去身来本三昧。'"

诚闻偈悔谢，乃呈一偈曰：

五蕴幻身，幻何究竟？
回趣真如，法还不净。③

师然之。后语诚曰："汝师戒定慧，劝小根智人；吾戒定慧，劝大根智人。若悟自性，亦不立菩提涅槃，亦不立解脱知见。无一法可得，方能建立万法。若解此意，亦名佛身，亦名菩提涅槃，亦名解脱知见。见性之人，立亦得，不立亦得。去来自由，无滞无碍，应用随作，应语随答，普见化身，不离自性，即得自在神通，游戏三昧。是名见性。"

志诚再启师曰："如何是不立义？"

师曰："自性无非、无痴、无乱，念念般若观照，常离法相，自由自在，纵横尽得，有何可立？自性自悟，顿悟顿修，亦无渐次，所以不立一切法。诸法寂灭，有何次第？"

志诚礼拜，愿为执侍，朝夕不懈。（诚，吉州太和人也。）

注释

①以上二句意为：生来，即在世时；在世时坐禅不卧，死后就长卧不坐。这是惠能讽刺神秀教人坐。

②**何为立功课**：何必为肉体立功课（即教坐禅）。

③此偈意为：身本五蕴所成，皆是幻相，给幻相立功课，终究会有什么结果？回头来归趋真如自性，此法也不是着净。

译文

那时候，大师住在曹溪宝林寺，神秀大师在荆南玉泉寺（今湖北当阳附近），两宗都很发达，人们称之为"南能北秀"。由于人们这样称呼，所以有了南北二宗顿渐之分。但学佛的人，许多都不了解二宗各自的宗旨。

大师经常对弟子们说："佛法本来是一个宗旨，只是人有南北之分。佛法本来也只是一种，人的领悟有快有慢。什么叫顿教？什么叫渐教？佛法没有顿渐，只是人的根器有利有钝，所以分出了顿渐。"

神秀的弟子们，则常常讽刺南宗祖师，说他连一个字都不认识，能有什么长处？神秀说："他得到了无师之智，深刻领悟了上乘佛法，我不如他。况且我的师父五祖亲自把祖衣、佛法传给了他，岂能凭空无故就传授？我恨不能远道去亲近他，以免徒然蒙受国家对我的恩惠。你们大家不要死守在这里，可以到曹溪参拜，请他为你们作印证。"

有一天，神秀命令门人志诚说："你聪明多智，可替我到曹溪听讲佛法。不论听到什么，都要尽量记下来，回来告诉我。"志诚接受了使命，到了曹溪，也随着大家一起参拜、请安，不说自己从哪里来。

有一次，祖师对大家说："有个盗法的人，现在就藏在你们中间。"志诚听到这话，就出来礼拜，说了自己的来由。

大师说："你从玉泉寺来，那就是个间谍。"

志诚说："不是。"

大师说："为什么不是？"

志诚说："我没有说出自己身份以前，可以说是间谍；现在说了出来，就不再是间谍。"

大师问："你师父都教你们些什么？"

志诚回答："师父经常教导我们，要住心观静，永远禅坐，不要躺卧。"

大师说："住心观察，是一种病态，不是禅。总是坐着，等于捆住自己身子，对佛理有什么益处？听我念偈：'生来坐不卧，死去卧不坐；一具臭骨头，何为立功课？'"

志诚听完，又拜请道："弟子在神秀大师那里学道九年，不能契理，不能领悟。今天听和尚一说，就契合本心。对弟子来说，最大的事就是生死，和尚大慈大悲，希望再给弟子一些教诲。"

大师说："我听说你师父教给弟子们戒定慧法，不明白你师父说的戒定慧是什么样子？请给我说说看。"

志诚说："神秀大师对我们讲，诸恶莫作叫作戒，诸善奉行叫作慧，自净其意叫作定。他是这样说的，不知和尚您用什么佛法教人？"

大师说："假如我说我有佛法给人，就是骗你。我只是根据不同情况，姑且替大家解除束缚罢了。三昧这个名称，也不过是个假借。至于你师父讲的戒定慧，实在是不可思议。我说的戒定慧，和你师父说的不同。"

志诚说："戒定慧只应有一种，为什么会有不同？"

大师说："你师父说的戒定慧，是接引大乘人的；我的戒定慧，接引最上乘人。人们的理解能力不同，领悟也有快有慢。你听我说，看我的戒定慧与你师父的相同不相同。我所说的法，不离开自性；离开自性这个本体说法，叫作'相说'。相说会使自性永远被愚迷染污和遮蔽。要知道，一切万法，都从自性发挥作用，这才是真正的戒定慧法。听我说偈：'心地无非自性戒，心地无痴自性慧，心地无乱自性定，不增不减自金刚，身去身来本三昧。'"

志诚听完偈，非常惭愧，再三向大师谢过，并呈上一首自己作的偈：

> 五蕴幻身，幻何究竟？
> 回趣真如，法还不净。

大师认为，志诚的偈说得很好。大师还对志诚说："你师父的戒定慧，劝小根智人；我的戒定慧，劝大根智人。假若能够悟得自性，就不用立什么菩提涅槃，也不必立什么解脱知见。没有一法可以得到，才能建立万法。假若能够领会这个道理，自己就是成就了佛身，就是达到了菩提涅槃，就是做到了解脱知见。见得自己本性的人，树立一个佛身、涅槃、解脱，然后努力追求，也可以；不树立这样一个追求目标，也可以。他到处通达，来去自由，无碍无滞；当用之时随缘作用，当说之时随缘应答，化身到处显现，总也不离自性，这样就可得到自在神通，游戏三昧。这就叫见性。"

志诚又问大师："请再解释一下'不树立'的道理。"

大师说："自性本身，无非、无痴、无乱，念念相续，都用般若观照，总是脱离法相，自由自在，横竖都非常自得，有什么东西要树立？自性要靠自悟，悟就得，不悟就不得，所以悟是顿悟，修也是顿修，并没有一个渐进的次序，所以一切法都不必树立。所有的法，在寂灭时，又有什么次第？我们又何必要树立个什么东西，建立一个什么次第呢？"

志诚听后，向大师礼拜，愿侍奉在左右。从此以后，志诚就跟随在大师身边，从早到晚，永不懈怠。（志诚，吉州太和人。）（译者按：太和，今江西泰和县。）

原典

僧志彻，江西人，本姓张，名行昌，少任侠。自南北分化，二宗主虽亡彼我，而徒侣竞起爱憎。时，北宗门人自立秀师为第六祖，而忌祖师传衣为天下闻，乃嘱行昌来刺师。师心通，预知其事，即置金十两于座间。时夜暮，行昌入祖室，将欲加害，师舒颈就之。行昌挥刃者三，悉无所损。师曰："正剑不邪，邪剑不正。只负汝金，不负汝命。"行昌惊仆，久而方苏，求哀悔过，即愿出家。师遂与金，言："汝且去，恐徒众翻害于汝。汝可他日易形而来，吾当摄受。"行昌禀旨宵遁，后投僧出家，具戒精进。一日，忆师之言，远来礼觐。

师曰："吾久念汝，汝来何晚？"

曰："昨蒙和尚舍罪。今虽出家，苦行终难报德，其唯传法度生乎！弟子常览《涅槃经》，未晓常无常义，乞和尚慈悲，略为解说。"

师曰："无常者，即佛性也；有常者，即一切善恶诸法分别心也。"

曰："和尚所说，大违经文。"

师曰："吾传佛心印，安敢违于佛经？"

曰："经说佛性是常，和尚却言无常；善恶之法乃至菩提心皆是无常，和尚却言是常。此即相违，令学人转加疑惑。"

师曰："《涅槃经》吾昔听尼无尽藏读诵一遍，便为讲说，无一字一义不合经文，乃至为汝，终无二说。"

曰："学人识量浅昧，愿和尚委曲开示。"

师曰："汝知否？佛性若常，更说什么善恶诸法，乃至穷劫无有一人发菩提心者？故吾说无常[①]，正是佛说真常之道也。又，一切诸法若无常者，即物物皆有自性容受生死，而真常性有不遍之处。故吾说常者，正是佛说真无常义。佛比为凡夫、外道执于邪常，诸二乘人于常计无常，共成八倒，故于涅槃了义教中破彼偏见，而显说真常、真乐、真我、真净。汝今依言背义，以断灭无常及确定死常，而错解佛之圆妙最后微言，纵览千遍，有何所益?"

行昌忽然大悟，说偈曰:

> 因守无常心，佛说有常性;
>
> 不知方便者，犹春池拾砾。②
>
> 我今不施功，佛性而现前;
>
> 非师相授与，我亦无所得。③

师曰:"汝今彻也，宜名志彻。"彻礼谢而退。

注释

①**无常**:佛性是常，乃佛教基本教义，也是《涅槃经》立论的基础之一，但惠能说它是无常。因为常，其义为永恒不变，佛性若永恒不变，怎么有善恶? 怎会有那么多无常的人悟得它? 同理，法无常，也是佛教基本教义。若无常，则此法、彼法不相干，那就会得出各有自性的结论，并且独立于佛性之外。惠能的这个见解，是非常深刻的。

②以上四句意为:因为世人守那无常的心，佛才强调性是常，不过这只是方便说法;不领会这一点，就是拾得瓦砾而丢了一池春水。

③以上二句意为:因佛性在己，所以不是师授，自己也无所谓获得。

译文

　　僧人志彻，江西人，本姓张，名行昌，少年时有侠义之气。自从南北二宗分化，二位宗主虽不分彼此，但徒弟们却不断发生摩擦。那时候，北宗弟子们自己立神秀为第六祖，由于害怕祖师传衣的事被天下人所知，就派遣行昌来刺杀大师。大师心里通透彻亮，预先知道了此事，就在座旁放了十两黄金。有一天夜里，行昌到了六祖房内，企图行刺。六祖大师伸颈让行昌砍。行昌挥刀一连砍了三次，大师都毫无伤损。大师说："正剑不邪，邪剑不正。只欠你金子，不欠你生命。"行昌大惊，昏倒在地，好久才苏醒过来，向大师忏悔自己的罪过，请求原谅，并且当即表示，愿意出家为僧。大师把金子给了行昌，并且说道："你暂且离开，恐怕我的弟子们会加害于你。过些时间以后，你可以改换相貌再来，我会收你做徒弟的。"行昌遵照指示，就在当天夜里逃走了。后来他投靠僧人出了家，道行不断增进。有一天，行昌想起大师的话，就远道前来拜见。

　　大师说："我一直惦念着你，为什么过了这么久才来？"

　　行昌说："过去承蒙和尚赦免了我的罪。现在虽然出了家，总觉得单是个人苦行，恐怕终究难以报答您的恩德。要报答您的恩德，只有传授佛法，多多地救度生灵。弟子我常读《涅槃经》，却不懂常与无常是什么意思，求和尚慈悲，为我解说。"

大师说："无常就是佛性，有常就是一切善恶诸种法门的分别心。"

行昌说："和尚您的说法，和经文大相违背。"

大师说："我传授的是佛祖心里印可的佛法，哪里敢违背佛经？"

行昌说："经上说佛性是常，和尚您却说佛性是无常；经上说善恶诸法以及菩提心都是无常，和尚您却说是常。这就是和经相违背，使我这样的学道人增加疑惑。"

大师说："《涅槃经》，我过去听无尽藏比丘尼读过一遍，她一读完，我就给她讲说其中的义理，没有一处意思违背经文的。从那时起，直到现在为你解说，从来都是如此讲解，再没有第二种说法。"

行昌说："我这个学道人识量浅薄，心中愚昧，还请和尚给我说个明白。"

大师说："你知道吗？佛性假若是常，还有什么善恶诸种法门，甚至直到劫数穷尽，也没有一人会发菩提心识得佛性。所以我说佛性无常，这正是佛说的真常之道。还有，一切诸种法门，如果都是无常，那么，每一物就都有自性来容纳、接受生死，而真常的佛性，就不能普遍，因为佛性达不到这些无常的地方，这些无常的法门就要处在真常的佛性之外。所以我说万法是常，这正是佛说的真无常。由于凡夫俗子以及外道之人执着于邪常，那些二乘的人们又在常中分出了无常，一共成为'八倒'，佛祖才在涅槃了义教中破除他们的偏见，从而明确指出真常、真乐、真我、真净。你现在依据经文字句言辞，却违背了经的义理，用断灭的无常以及那固定不变的死常，来错解佛最后所说的圆妙微言，即使你读上一千遍，又有什么益处？"

行昌忽然大悟，说偈道：

> 因守无常心，佛说有常性；
> 不知方便者，犹春池拾砾。
> 我今不施功，佛性而现前；
> 非师相授与，我亦无所得。

大师说："你现在彻底领悟了，应该叫志彻。"志彻即向大师行礼，拜谢退下。

原典

有一童子名神会，襄阳高氏子，年十三，自玉泉来参礼。师曰："知识！远来艰辛，还将得本来否？若有本，则合识主，试说看。"

会曰："以无住为本，见即是主。"

师曰："这沙弥，争合取次语？"

会乃问曰："和尚坐禅，还见不见？"

师以拄杖打三下，云："吾打汝，痛不痛？"

对曰："亦痛亦不痛。"

师曰："吾亦见亦不见。"

神会问："如何是亦见亦不见？"

师云："吾之所见，常见自心过愆，不见他人是非好恶，是以亦见亦不见。汝言亦痛亦不痛如何？汝若不痛，同其木石；若痛，则同凡夫，即起恚恨。汝向前：见不见，是二边①；痛不痛，是生灭。汝自性且不见，敢尔弄人？"神会礼拜悔谢。

师又曰："汝若心迷不见，问善知识觅路；汝若心悟，即自见性，依法修行。汝自迷不见自心，却来问吾见与不见。吾见自知，岂代汝迷？汝若自见，亦不代吾迷。何不自知自见，乃问吾见与不见？"

神会再礼，百余拜，求谢过愆，服勤给侍，不离左右。

一日，师告众曰："吾有一物，无头无尾，无名无字，无背无面，诸人还识否？"

神会出曰："是诸佛之本源，神会之佛性。"

师曰："向汝道无名无字，汝便唤作本源、佛性。汝向去有把茆盖头②，也只成个知解宗徒。"

祖师灭后，会入京洛，大弘曹溪顿教，著《显宗记》，盛行于世。（是为荷泽禅师。）

师见诸宗难问，咸起恶心，多集座下，愍而谓曰："学道之人，一切善念、恶念，应当尽除。无名可名，名于自性。无二之性，是名实性。于实性上建立一切教门，言下便须自见。"

诸人闻说，总皆作礼，请事为师。

注释

①二边：二种边见，见与不见都是边见，非正见。

②把茆盖头：当是俗语，意甚难解。茆即莼菜，叶大而滑。似指神会虽解得圆滑贴切，也不过"知解"而已。

译文

有一个童子叫神会，襄阳高氏子弟，十三岁，从神秀玉泉寺来参拜大师。大师说："善知识！远来辛苦。你是带着'本'来的吗？如果有本，就会识得'主'。试着说说看。"

神会说："我以无住为本，能见无住真心就是主。"

大师说："这沙弥！怎么可以这样轻率地讲？"

于是神会就问道："和尚你坐禅，有见还是没见？"

大师用拐杖打神会三下，问："我打你，痛还是不痛？"

神会回答："我也痛也不痛。"

大师说："我也见也不见。"

神会问："怎样是也见也不见？"

大师说："我所见到的，是常见自己心里的错，不见别人的是非好恶，所以也见也不见。你说也痛也不痛怎么样？你如果不痛，就和木石一般；如果痛，就和凡夫一般，就会生起怨恨。你近前来，我告诉你：见与不见，是两种边见；痛与不痛，是有生有灭。你问我见还是不见，只能说明你自己还持有二边的见解，没有见得自己本性，又怎敢如此来戏弄人？"神会礼拜，惭愧地向大师谢罪。

大师又说："假如你心里愚迷，不能见性，就请善知识指路；假如你心里领悟，就是自见本性，可依法修行。你自己愚迷不见本心，却来问我见与不见。我见自己知道，岂能替代你的迷误？你如果自见本性，也替代不了我的迷误。为什么不自知自见，却来问我见与不见？"

神会再次行礼，拜了一百多拜，请求大师恕罪。从此以后，神会就在左右侍奉大师，不离大师身边。

有一天，大师对众人说："我有一样东西，无头无尾，无名无字，无前无后，大家认得吗？"

神会出来说："这是诸佛的本源，神会的佛性。"

大师说："对你说它无名无字，你还叫它本源、佛性。任你说得圆滑贴切，也不过是个仅知望文解义之徒。"

大师灭后，神会到了京城（今西安市）、洛阳，光大、弘扬曹溪的顿教，著有《显宗记》，盛行于世。（神会就是荷泽禅师。）

大师见各个宗派的人经常相互辩论，并且心存恶念，企图压倒对方，于是就把他们集中在座下，乃怜愍地对他们说："学道的人，一切善念、恶念，都应当除去。名义、称号本来都是没有的，全是虚幻，名称都在自性之中。那唯一无二的本性，就叫作实性，在实性的根基上建立起了一切教门。这个道理，你们应该立即就能明白，见自己本性。"

大家听完大师一番话，一齐行礼，愿拜大师为师。

9 宣诏第九

神龙元年上元日①，则天、中宗②诏云："朕请安、秀二师③宫中供养，万机之暇，每究一乘，二师推让云：'南方有能禅师，密授忍大师衣法，传佛心印，可请彼问。'今遣内侍薛简，驰诏迎请，愿师慈念，速赴上京。"师上表辞疾，愿终林麓。

薛简曰："京城禅德皆云：'欲得会道，必须坐禅习定；若不因禅定而得解脱者，未之有也。'未审师所说法如何？"

师曰："道由心悟，岂在坐也？经云：'若言如来若坐若卧，是行邪道。何故？无所从来，亦无所去。'无生无灭，是如来清净禅；诸法空寂，是如来清净坐。究竟无证，岂况坐耶？"

简曰："弟子回京，主上必问，愿师慈悲，指示心要，传奏两宫及京城学道者。譬如一灯燃百千灯，冥者皆明，明明无尽。"

师云："道无明暗，明暗是代谢之意。明明无尽，亦是有尽，④相待立名。故《净名经》云：'法无有比，无相待故。'"

简曰："明喻智慧，暗喻烦恼；修道之人，倘不以智慧照破烦恼，无始生死凭何出离？"

师曰："烦恼即是菩提，无二无别。若以智慧照破烦恼者，此是二乘见解，羊鹿等机。⑤上智大根，悉不如是。"

简曰："如何是大乘见解？"

师曰："明与无明，凡夫见二，智者了达其性无二。无二之性，即是实性。实性者，处凡愚而不减，在贤圣而不增，住烦恼而不乱，居禅定而不寂。不断不常，不来不去，不在中间及其内外，不生不灭，性相如如，常住不迁，名之曰道。"

简曰："师说不生不灭，何异外道？"

师曰："外道所说不生不灭者，将灭止生，以生显灭，灭犹不灭，生说不生。我说不生不灭者，本自无生，今亦不灭，所以不同外道。⑥汝若欲知心要，但一切善恶都莫思量，自然得入清净心体，湛然常寂，妙用恒沙。"

简蒙指教，豁然大悟，礼辞归阙，表奏师语。其年九月三日，有诏奖谕师曰："师辞老疾，为朕修道，国之福田。师若净明，托疾毗耶，阐扬大乘，传诸佛心，谈不二法。薛简传师指授如来知见，朕积善余庆，宿种善根，值师出世，顿悟上乘，感荷师恩，顶戴无已。并奉磨衲袈裟及水晶钵，敕韶州刺史修饰寺宇，赐师旧居为国恩寺。"

注释

①**上元日**：即农历正月十五。

②**则天、中宗**：即武则天、唐中宗。当时唐中宗名为皇帝，实是武则天执政。

③**安、秀二师**：安即道安，亦称老安，秀即神秀，弘忍弟子。二人都被皇帝请进宫中供养。

④**以上二句意为**：明是对暗而言，无暗即无明，全是光明就没有光明，所以说"明明无尽，亦是有尽"。

⑤**以上二句意为**：二乘即乘羊车、鹿车的小乘，他们分别明与暗，智慧与烦恼。

⑥**本段意为**：有生就有灭。分别生灭，用涅槃寂灭去制止生，就是外道。禅宗认为本来无生，也就无灭。

不是以灭制止生，而是本来湛然清净。

译文

神龙元年（公元七○五年）上元这一天，武则天、唐中宗下诏道："朕请老安、神秀二位大师到宫中供养，国事余暇，常常和二位大师讨论一乘教义。二位大师推让说：'南方有个惠能禅师，五祖弘忍把衣钵佛法秘密传授给了他。他现在传授的，是佛祖心里印可的法门，可请他来相问。'现在派内臣薛简，带着诏书，飞马前去迎请，希望大师发慈悲之念，迅速进京。"大师则向朝廷上表，以有病为理由加以推辞，表示愿意在山林中度过终生。

薛简问道："京城的禅师们都说：'要能领会佛道，必须坐禅，修习定功；假若不经过禅定，却想得到解脱，是不可能的。'不知大师看法如何？"

大师说："道由于心悟，不在于坐与不坐。经上说：'无论以坐相还是以卧相见如来，都是邪道。为什么呢？无有来所，亦无去处。'无生也无灭，这是如来清净禅；诸法空寂，这是如来清净坐。终极的真理是无法印证的，怎能把坐与不坐作为标准呢？"

薛简说："弟子回京，皇上一定要问，希望大师慈悲，指示心法要领，我将把大师的话上奏两宫，并传达给京城里那些学道的人。这会像一盏灯照亮了千百盏灯，黑暗全被照亮，光明永无穷尽。"

大师说："道没有明暗，明暗的意思就是互相代换。说光明永无穷尽，就是有了穷尽。明暗是相对而言的。所以《净名经》说：'佛法是无可比拟的，因为绝对而没有对待的缘故。'"

薛简说："明比喻智慧，暗比喻烦恼；修道的人，倘若不用智慧去照破烦恼，怎能脱离那无始无终的生死？"

大师说："烦恼就是菩提，不是两个东西，也没有什么区别。如果说要用智慧照破烦恼，这是二乘见解，是乘羊车、鹿车的根机。上智大根之人，都不这样。"

薛简问："什么才是大乘见解？"

大师说："明和无明，凡夫认为是二，智者通晓它们的本性是一，而不是二。这唯一无二的本性，就是实性。实性，在凡夫愚人之中也不减少，在贤人圣人之中也不增多，住于烦恼之中也不乱，居于禅定之中也不寂。不断灭也不恒常，不来也不去，不在中间也不在内外，不生也不灭，性和相都自如其本来面目，永远如此而不改变，称之为道。"

薛简说："大师说的不生不灭，和外道有什么差别？"

大师说："外道说不生不灭，为的是消灭生，让生停止。

这样，用生去显出灭，灭就还是不灭，生也只是说它不生罢了。我说的不生不灭，本来就没有生，现在也不灭，所以和外道不同。倘若你想知道心法要领，就一切善恶都不要思量，自然就可进入清净心体，清明透彻，永远寂静，妙用无穷。"

薛简得到指教，豁然大悟，就拜辞大师回京，把大师的话上奏皇帝。这年九月三日，有诏奖谕大师道："大师以年老多病相推辞，为朕在山林修道，这是国之福田。大师好比维摩居士托疾居住毗耶城一样，弘扬大乘之教，传授佛祖心印，讲谈唯一不二之法。薛简转达了大师传授的如来知见，也是朕积善众多而有余庆，过去种下的善根，适逢大师出世，使朕顿悟上乘，感谢大师恩惠，当永远顶礼膜拜。谨奉上磨衲袈裟及水晶钵，并命令韶州刺史修饰庙宇，赐大师旧居为国恩寺。"

10 付嘱第十

原典

师一日唤门人法海、志诚、法达、神会、智常、智通、志彻、志道、法珍、法如等曰："汝等不同余人，吾灭度后，各为一方师。吾今教汝说法不失本宗。先须举三科法门，动用三十六对，出没即离两边，说一切法，莫离自性。忽有人问汝法，出语尽双，皆取对法，来去相因。究竟二法尽除，更无去处。

"三科法门者，阴界入也。阴是五阴，色、受、想、行、识是也。入是十二入，外六尘，色、声、香、味、触、法；内六门，眼、耳、鼻、舌、身、意是也。界是十八界，六尘、六门、六识是也。

"自性能含万法，名含藏识。若起思量，即是转识。

生六识，出六门，见六尘，如是一十八界，皆从自性起用。自性若邪，起十八邪；自性若正，起十八正。若恶用即众生用，善用即佛用。用由何等？由自性有。

"对法，外境无情五对：天与地对，日与月对，明与暗对，阴与阳对，水与火对。此是五对也。

"法相语言十二对：语与法对，有与无对，有色与无色对，有相与无相对，有漏与无漏对，色与空对，动与静对，清与浊对，凡与圣对，僧与俗对，老与少对，大与小对。此是十二对也。

"自性起用十九对：长与短对，邪与正对，痴与慧对，愚与智对，乱与定对，慈与毒对，戒与非对，直与曲对，实与虚对，险与平对，烦恼与菩提对，常与无常对，悲与害对，喜与嗔对，舍与悭对，进与退对，生与灭对，法身与色身对，化身与报身对。此是十九对也。"

师言："此三十六对法，若解用，即道贯一切经法，出入即离两边。自性动用，共人言语，外于相离相，内于空离空。若全着相，即长邪见；若全执空，即长无明。执空之人有谤经，直言不用文字。既云不用文字，人亦不合语言，只此语言，便是文字之相。又云直道不立文字，即此'不立'两字，亦是文字。见人所说，便即谤他言著文字。汝等须知，自迷犹可，又谤佛经。不要谤经，罪障无数。若着相于外，而作法求真，或广立道场，说有无之过患。如是之人，累劫不得见性，但听依法修行。又莫百物不思，而于道性窒碍。若听说不修，令人反生邪念。但依法修行，无住相法施。汝等若悟，依此说，依此用，依此行，依此作，即不失本宗。

"若有人问汝义，问有将无对，问无将有对，问凡以圣对，问圣以凡对。二道相因，生中道义。汝一问一对，余问一依此作，即不失理也。

"设有人问：'何名为暗？'答云：'明是因，暗是缘，明没即暗。'以明显暗，以暗显明，来去相因，成中道义。余问悉皆如此。汝等于后传法，依此转相教授，勿失宗旨。"

译文

有一天，大师把门人法海、志诚、法达、神会、智常、智通、志彻、志道、法珍、法如等叫来，对他们说："你们和别人不同，我灭度后，都要各自成为一方之师。我现在教你们说法怎样才能不失本宗的宗旨。说法时，先要举出三科法门，运用三十六对法，出没不要落入两边。对一切法，论说时都不要离开自性。假若突然有人问你，说话都要在两可之间，全要采取对法，来去相互补救。最终还要把两个方面都扫除，使讲说再无归宿之处。

"三科法门，就是阴、界、入。阴是五阴，即色、受、想、行、识。入是十二入，外面六尘，色、声、香、味、触、法；内有六门，眼、耳、鼻、舌、身、意。界是十八界，六尘、六门、六识。

"自性能含容万法，叫含藏识。如果产生思量，就是转识。由转识产生六识，六识从六门出，出去见到六尘，这样就是十八界都从自性产生作用。自性如果邪，就产生十八邪；自性如果正，就产生十八正。如果产生恶用，就是众生用；产生善用，就是佛用。用从哪里来? 从自性来。

"相互对待的法如下，外境之无情事物有五对法：天与地对，日与月对，明与暗对，阴与阳对，水与火对。这是五对相对法。

"法相、语言方面有十二对法：语与法对，有与无对，有色与无色对，有相与无相对，有漏与无漏对，色与空对，动与静对，清与浊对，凡与圣对，僧与俗对，老与少对，大与小对。这是十二对相对法。

"自性生起的作用有十九对法：长与短对，邪与正对，痴与慧对，愚与智对，乱与定对，慈与毒对，戒与非对，直与曲对，实与虚对，险与平对，烦恼与菩提对，常与无常对，悲与害对，喜与嗔对，舍与悭对，进与退对，生与灭对，法身与色身对，化身与报身对。这是十九对相对法。"

大师说："这三十六对法，若能懂得如何应用，就可使道贯穿于一切经和法，出入不落两边。要运用自性去通贯一切。和人说话时，对外，要在谈论相时脱离一切相；对内，要在谈论空时脱离一切空。如果完全着相，就助长邪见；如果完全执着于空，就助长无明。执着于空的人，有的诽谤佛经，公开说什么不需要文字。既然说不需要文字，人也不应当说话。语言本身，就是文字的相，还说什么直道是不立文字的，就这个'不立'二字，也是文字。见到别人在讲说，就诽谤人家是借助文字。你们应当知道，自己迷误危害还小，诽谤佛经危害可就大了。不要诽谤佛经，那样就有无数的罪障。如果执着于外面的相，并以此为根据，创造一些办法来寻求真道；或者到处建立道场，讲说有与无的过错。像这样的人，多少劫也不能见性，只应去依法修行才对。也不要什么都不想，从而给道性造成断灭的障碍。倘若听到说法却不去修行，反而会产生邪念。一定要依法修行，不要住相，也不要建立固定一套修行的办法去教人。你们若能领悟，依照上面的去说，依照上面的去用，依照上面的去行，就不会失去本宗宗旨。

"如果有人问你们问题，问有就用无答对，问无就用有答对，问凡用圣对，问圣用凡对。两方面相互借助，产生中道义理。像这样一问一对，其余问题也完全照这样去做，就不会出错。

"假若有人问：'什么叫暗？'就回答说：'明是因，暗是缘，明消失了就是暗。'用明来显示暗，用暗显示明，一来一回相互借助，成中道义理。其他问题全都照此去做。你们以后传法，就这样互相教授，不要迷失宗旨。"

原典

师于太极元年壬子，延和七月（是年五月改延和，八月玄宗即位，方改元先天，次年遂改开元，他本作先天者非）命门人往新州国恩寺建塔，仍令促工。次年夏末落成。七月一日，集徒众曰："吾至八月欲离世间，汝等有疑，早须相问，为汝破疑，令汝迷尽。吾若去后，无人教汝。"法海等闻，悉皆涕泣，唯有神会神情不动，亦无涕泣。

师云："神会小师，却得善不善等，毁誉不动，哀乐不生，余者不得，数年山中，竟修何道？汝今悲泣，为忧阿谁？若忧吾不知去处，吾自知去处。吾若不知去处，终不预报于汝。汝等悲泣，盖为不知吾去处；若知吾去处，即不合悲泣。法性本无生灭去来。汝等尽坐，吾与汝说一偈，名曰'真假动静偈'。汝等诵取，此偈与吾意同；依此修行，不失宗旨。"

众僧作礼，请师说偈曰：

> 一切无有真，不以见于真；
> 若见于真者，是见尽非真。①
> 若能自有真，离假即心真；
> 自心不离假，无真何处真？
> 有情即解动，无情即不动；②
> 若修不动行，同无情不动。
> 若觅真不动，动上有不动③；
> 不动是不动，无情无佛种。
> 能善分别相，第一义不动；④
> 但作如此见，即是真如用。
> 报诸学道人，努力须用意；
> 莫于大乘门，却执生死智。
> 若言下相应，即共论佛义；
> 若实不相应，合掌令欢喜。⑤
> 此宗本无诤，诤即失道意；
> 执逆诤法门，自性入生死。

时，徒众闻说偈已，普皆作礼，直体师意，各各摄心，依法修行，更不敢诤。乃知大师不久住世。法海上座再拜问曰："和尚入灭之后，衣法当付何人？"

师曰："吾于大梵寺说法以至于今，抄录流行，目曰《法宝坛经》，汝等守护，递相传授，度诸群生；但依此说，是名正法。今为汝等说法，不付其衣。盖为汝等信根淳熟，决定无疑，堪任大事。然据先祖达磨大师付授偈意，衣不合传。偈曰：'吾本来兹土，传法救迷情；一花开五叶，结果自然成。'"

注释

①上二句意为：一切无有真的意思，只是说不以所见为真。下二句的意思是：假如认为见到了真，那么所见的就全不是真，因为真在自己心里。

②以上二句意为：凡是有情都会动，不动的是无情木石。因此，让人修持不动，那就是把人当作了无情木石。把有情和无情区别开来，是《坛经》保留的佛教传统，也是《坛经》的重要思想之一。下文"无情无佛种"，也就是说"无情无佛性"，因而是不可能成佛的。

③**动上有不动**：真正的不动，存在于动中。这个思想是非常深刻的。

④语出《维摩经·佛国品》："能善分别诸法相，于第一义而不动。"《坛经》反对分别，认为分别即是二法。这里的"善分别"，是真正通晓、了解的意思。"第一义"

指真如佛性。就是说，真正通晓诸法相的人，才懂得真正不动的只是真如佛性。当然，这个不动的真如佛性是存在于动中，是动中的不动。

⑤以上四句意为：言相投合的（相应），共论佛义；实在不投合（不相应），也要"合掌令欢喜"，不争论，争论就失道意。

译文

大师于太极元年（公元七一二年）壬子，延和七月（这一年五月改"太极"为"延和"，八月唐玄宗即位才改元为"先天"，第二年就改为"开元"。其他本子把年号说成"先天"是错误的），派门人到新州国恩寺建塔，又派人督促施工。第二年夏末落成。七月一日，大师把门人集合起来说道："我到八月要离开世间，你们有什么疑问，及早提出，我给你们解答，让你们迷误消失。我去世以后，就没有人教你们了。"

法海等人听了这话，全都哭泣起来，只有神会不动声色，也不哭泣。

大师说："神会小师，却懂得善与不善相同，毁誉不动，哀乐不生，别人都做不到这一点，你们这几年在山里都修的什么道？你们现在哭泣是为谁担忧？若是忧虑不知我要到哪里，我自己知道要去哪里。假如我不知道要去哪里，也不会预先告诉你们。你们哭泣，就是因为不知我要去哪里；如果知道我去往何处，就不应该哭泣。法性本就没有生灭去来。你们都坐下，我给你们说一偈，名叫'真假动静偈'。你们要念诵记住，这偈和我的意思一样；按这偈修行，就不会迷失宗旨。"

众僧人行礼，请大师说偈道：

> 一切无有真，不以见于真；
> 若见于真者，是见尽非真。
> 若能自有真，离假即心真；
> 自心不离假，无真何处真？
> 有情即解动，无情即不动；
> 若修不动行，同无情不动。
> 若觅真不动，动上有不动；
> 不动是不动，无情无佛种。
> 能善分别相，第一义不动；
> 但作如此见，即是真如用。
> 报诸学道人，努力须用意；
> 莫于大乘门，却执生死智。
> 若言下相应，即共论佛义；
> 若实不相应，合掌令欢喜。

此宗本无诤，诤即失道意；

执逆诤法门，自性入生死。

当时徒众们听完大师说偈，都一齐行礼，直接体会了大师的意思，都各自收束自己的心，依大师教导修行，再不敢争执。大家知道大师将不久于人世。法海上座拜了两拜，问道："和尚灭度以后，衣法要传给何人？"

大师说："我从大梵寺说法到现在，抄录流行我的话，叫作《法宝坛经》，你们要守护，依次相传授，度化所有的百姓。只要依照《坛经》说法，就叫正法。现在给你们说法，不传祖衣。因为你们的信根都非常成熟，能够坚信正法，不存疑虑，可以担负大事。但是根据先祖达磨大师传授的偈意，祖衣不应再传。偈道：'吾本来兹土，传法救迷情；一花开五叶，结果自然成。'"

原典

师复曰："诸善知识！汝等各各净心，听吾说法。若欲成就种智，须达一相三昧、一行三昧。若于一切处，而不住相，于彼相中，不生憎爱，亦无取舍，不念利益成坏等事，安闲恬静，虚融澹泊，此名一相三昧。若于一切处，行住坐卧，纯一直心不动，道场真成净土，此名一行三昧。若人具二三昧，如地有种，含藏长养，成熟其实。一相一行，亦复如是。我今说法，犹如时雨，普润大地，汝等佛性譬诸种子，遇兹沾洽，悉得发生。承吾旨者，决获菩提；依吾行者，定证妙果。听吾偈曰：'心地含诸种，普雨悉皆萌；顿悟花情已，菩提果自成。'①"

师说偈已，曰："其法无二，其心亦然。其道清净，亦无诸相。汝等慎勿观静及空其心。此心本净，无可取舍。各自努力，随缘好去。"尔时徒众作礼而退。

大师七月八日，忽谓门人曰："吾欲归新州，汝等速理舟楫。"大众哀留甚坚。

师曰："诸佛出现，犹示涅槃，有来必去，理亦常然。吾此形骸，归必有所。"

众曰："师从此去，早晚可回？"

师曰："叶落归根，来时无口。"

又问曰："正法眼藏，传付何人？"

师曰："有道者得，无心者通。"

又问："后莫有难否？"

师曰："吾灭后五六年，当有一人来取吾首，听吾记曰：头上养亲，口里须餐，遇满之难，杨柳为官。"又云："吾去七十年，有二菩萨从东方来，一出家，一在家，同时兴化，建立吾宗，缔缉伽蓝，昌隆法嗣。"

问曰："未知从上佛祖应现已来，传授几代，愿垂开示。"

师云："古佛应世，已无数量，不可计也。今以七佛为始，过去庄严劫：毗婆尸佛、尸弃佛、毗舍浮佛。今贤劫：拘留孙佛、拘那含牟尼佛、迦叶佛、释迦文佛。是为七佛。

"以上七佛，今以释迦文佛首传

第一摩诃迦叶尊者

第二阿难尊者

第三商那和修尊者

第四优波毱多尊者

第五提多迦尊者

第六弥遮迦尊者

第七婆须蜜多尊者

第八佛驮难提尊者

第九伏驮蜜多尊者

第十胁尊者

十一富那夜奢尊者

十二马鸣大士

十三迦毗摩罗尊者

十四龙树大士

十五迦那提婆尊者

十六罗睺罗多尊者

十七僧迦难提尊者

十八伽耶舍多尊者

十九鸠摩罗多尊者

二十阇耶多尊者

二十一婆修盘头尊者

二十二摩拏罗尊者

二十三鹤勒那尊者

二十四师子尊者

二十五婆舍斯多尊者

二十六不如蜜多尊者

二十七般若多罗尊者

二十八菩提达磨尊者（此土是为初祖）

二十九慧可大师

三十僧璨大师

三十一道信大师

三十二弘忍大师

"惠能是为三十三祖。从上诸祖，各有禀承，汝等向后，递代流传，毋令乖误。"

注释

①此偈意为：自性佛种，犹如花种，花种遇雨而发，

自然结果；若能悟得此情，就可使自性佛种自然成就菩提正果。

译文

大师又说："诸位善知识！你们都要各自净心，听我说法。假如想成就种智，应懂得一相三昧、一行三昧。假如在任何地方，都能做到不住相，对所有的相都不发生爱憎，也不作取舍，不计较利益成败等等，安闲恬静，谦虚和融，淡泊一切，这叫一相三昧。若能无论在什么地方，无论行、住、坐、卧，都保持纯洁，唯一的直心不动，使道场真正成为净土，这就叫一行三昧。假若人能具有二种三昧，就像地有种子，含容储藏，长期养护，最终使果实成熟。一相三昧和一行三昧，也是如此。我现在说法，就像及时雨普遍滋润大地，你们的佛性好像种子，遇到这及时雨的滋润，都要生芽。遵照我的指示，一定能获得菩提；按我说的修行，一定证成妙果。听我说偈：'心地含诸种，普雨悉皆萌；顿悟花情已，菩提果自成。'"

大师说完偈，又说："佛法没有两个，心也只有一种。佛道清净，也没有各种相。你们切不可去观静，也不可去空自己的心。这心本来是净的，无可取舍。你们要各自努力，随缘好生修持。"这时弟子们就行礼退下。

大师在七月八日，忽然对门人说："我要回新州，你们快去准备船只。"大家坚持挽留。大师说："诸佛们出现，还要显示涅槃，有来必有去，是正常的道理。我的形骸，也要有所归宿。"

大家说："大师现在去后，什么时候可再回来？"

大师说："叶落归根，生来本无法可说。"

大家又问："正法眼藏，传给什么人？"

大师说："有道者得到，无心的人通晓。"

大家又问："以后有难吗？"

大师说："我灭后五六年，会有一个人来取我的头，听我说记：头上养亲，口里须餐，遇满之难，杨柳为官。"又说："我逝后七十年，有二位菩萨从东方来，一位出家，一位在家，同时兴盛佛法教化，建立我们宗派，修建佛寺，使我们的法嗣兴旺。"

弟子们问道："不知道从最早佛祖应化现身以来，传授了几代，请垂恩向我们指示。"

大师说："古代佛祖应化现世，已过了无数代，不可计量。现在以七佛为开始，过去庄严劫：毗婆尸佛、尸弃佛、毗舍浮佛。今贤劫：拘留孙佛、拘那含牟尼佛、迦叶佛、释迦文佛。这是七佛。

"以上是七佛。现在以释迦文佛为首，下传

第一摩诃迦叶尊者

第二阿难尊者

第三商那和修尊者

第四优波匊多尊者

第五提多迦尊者

第六弥遮迦尊者

第七婆须蜜多尊者

第八佛驮难提尊者

第九伏驮蜜多尊者

第十胁尊者

十一富那夜奢尊者

十二马鸣大士

十三迦毗摩罗尊者

十四龙树大士

十五迦那提婆尊者

十六罗睺罗多尊者

十七僧迦难提尊者

十八伽耶舍多尊者

十九鸠摩罗多尊者

二十阇耶多尊者

二十一婆修盘头尊者

二十二摩拏罗尊者

二十三鹤勒那尊者

二十四师子尊者

二十五婆舍斯多尊者

二十六不如蜜多尊者

二十七般若多罗尊者

二十八菩提达磨尊者（中国尊为初祖）

二十九慧可大师

三十僧璨大师

三十一道信大师

三十二弘忍大师

"惠能是三十三祖。以上所说的诸位祖师，都有秉承，你们以后，要代代相传，不要失误。"

原典

大师先天二年癸丑岁八月初三日（是年十二月改元开元），于国恩寺斋罢，谓诸徒众曰："汝等各依位坐，吾与汝别。"

法海白言："和尚！留何教法，令后代迷人得见佛性？"

师言："汝等谛听，后代迷人，若识众生，即是佛性；若不识众生，万劫觅佛难逢。吾今教汝，识自心众生，见自心佛性。欲求见佛，但识众生。只为众生迷佛，非是佛迷众生。自性若悟，众生是佛；自性若迷，佛是众生。自性平等，众生是佛；自性邪险，佛是众生。汝等心若险曲，即佛在众生中；一念平直，即是众生成佛。我心自有佛，自佛是真佛。自若无佛心，何处求真佛？汝等自心是佛，更莫狐疑。外无一物而能建立，皆是本心生万种法。故经云：'心生种种法生，心灭种种法灭。'吾今留一偈，与汝等别，名'自性真佛偈'，后代之人识此偈意，自见本心，自成佛道。"偈曰：

真如自性是真佛，邪见三毒是魔王；

邪迷之时魔在舍，正见之时佛在堂。①

性中邪见三毒生，即是魔王来住舍；

正见自除三毒心，魔变成佛真无假。

法身报身及化身，三身本来是一身；

若向性中能自见，即是成佛菩提因。

本从化身生净性，净性常在化身中；

性使化身行正道，当来圆满真无穷。

淫性本是净性因②，除淫即是净性身；

性中各自离五欲，见性刹那即是真。

今生若遇顿教门，忽悟自性见世尊；

若欲修行觅作佛，不知何处拟求真。

若能心中自见真，有真即是成佛因；

不见自性外觅佛，起心总是大痴人。

顿教法门今已留，救度世人须自修；

报汝当来学道者，不作此见大悠悠③。

师说偈已，告曰："汝等好住，吾灭度后，莫作世情悲泣雨泪，受人吊问，身着孝服，非吾弟子，亦非正法。但识自本心，见自本性，无动无静，无生无灭，无去无来，无是无非，无住无往。恐汝等心迷，不会吾意，今再嘱汝，令汝见性。吾灭度后，依此修行，如吾在日。若违吾教，纵吾在世，亦无有益。"复说偈曰：

兀兀④不修善，腾腾不造恶，

寂寂断见闻，荡荡心无着。

师说偈已，端坐至三更，忽谓门人曰："吾行矣！"奄然迁化。于时异香满室，白虹属地，林木变白，禽兽哀鸣。

十一月，广、韶、新三郡官僚洎门人僧俗争迎真身，莫决所之，乃焚香祷曰："香烟指处，师所归焉。"时，香烟直贯曹溪。十一月十三日，迁神龛并所传衣钵而回。

次年七月出龛，弟子方辩以香泥上之。门人忆念取首之记，仍以铁叶漆布，固护师颈入塔。忽于塔内白光出现，直上冲天，三日始散。韶州奏闻，奉敕立碑，纪师道行。

师春秋七十有六，年二十四传衣，三十九祝发，说法利生，三十七载。嗣法四十三人，悟道超凡者莫知其数。达磨所传信衣（西域屈眴布也），中宗赐磨衲、宝钵，及方辩塑师真相并道具，永镇宝林道场。留传《坛经》，以显宗旨，兴隆三宝，普利群生者。

注释

①以上四句意为：邪见即是魔王，正见就是佛；堂、舍都是指色身，"色身是舍宅"。

②**淫性本是净性因**：淫性也是由净性产生的。这里的"净性因"就是"因"净性。

③**大悠悠**：大悠悠本是漫不经心，逍遥自在，此处转意为什么也不懂，稀里糊涂。

④**兀兀**：安静不动。

译文

大师在先天二年癸丑岁（公元七一三年）八月初三日（这年十二月改元为"开元"），于国恩寺吃完斋饭，对弟子们说："你们都在自己的位置上坐好，我要和你们告别。"

法海报告说："和尚！留什么教法，让后世的迷人可以见到佛性？"

大师说："你们认真听着，后世的迷人，若能识得众生，就是佛性；如果不能识得众生，即使经一万个劫数，也难以找到佛祖。我现在教你们，认识自心的众生，见自心的佛性。要想见到佛，只要识得众生。只因为众生迷失了佛性，不是佛要迷惑众生。自性若能觉悟，众生就是佛；自性如果迷误，佛也会变为众生。自性能平等地对待一切，众生就是佛；自性假若奸邪阴险，佛也会变为众生。你们的心若是阴险邪曲，佛就落到了众生之中；一个念头若是平等坦直，就是众生修成了佛。我心里本来有佛，自己心里的佛才是真佛。自己假若没有佛的心肠，到哪里去寻求真佛？你们自己的心就是佛，再不要有什么怀疑。心之外，没有一物可以建立，都是本心生就的万法。所以经上说：'心生种种法生，心灭种种法灭。'我现在留一首偈，和你们告别。这偈名叫'自性真佛偈'，后代的人们若识得这偈的意思，自见本心自性，自己成就佛道。"偈道：

真如自性是真佛，邪见三毒是魔王；
邪迷之时魔在舍，正见之时佛在堂。
性中邪见三毒生，即是魔王来住舍；
正见自除三毒心，魔变成佛真无假。

法身报身及化身，三身本来是一身；

若向性中能自见，即是成佛菩提因。

本从化身生净性，净性常在化身中；

性使化身行正道，当来圆满真无穷。

淫性本是净性因，除淫即是净性身；

性中各自离五欲，见性刹那即是真。

今生若遇顿教门，忽悟自性见世尊；

若欲修行觅作佛，不知何处拟求真。

若能心中自见真，有真即是成佛因；

不见自性外觅佛，起心总是大痴人。

顿教法门今已留，救度世人须自修；

报汝当来学道者，不作此见大悠悠。

　　大师说完偈，对大家说："你们保重，我灭度后，不要像世俗人一样哭泣流泪，接受人家吊问，也不要穿什么孝服，这样做就不是我的弟子，也不是正法。只要识得自己本心，见得自己本性，无动无静，无生无灭，无去无来，无是无非，无住无往。恐怕你们心里迷误，不领会我的意思，现在再次嘱咐你们，让你们见自己本性。我灭度以后，请按我说的修行，就像我在世时一样。如果违背我的教导，即使我活在世上，对你们也没有什么益处。"接着又说了一偈：

兀兀不修善，腾腾不造恶，

寂寂断见闻，荡荡心无着。

大师说完偈，端坐到三更，忽然对门人说："我走了！"就平静地离开了人世。这时满屋里充满了异香，天上的白虹直达地面，树木都变成了白色，禽兽悲哀地鸣叫。

十一月，广州、韶州、新州三郡的官僚、僧人、俗人及大师的弟子们都争相迎取大师真身，不能决定要到哪里。于是就焚香祷告说："香烟所指的地方，就是大师的归宿之处。"这时香烟一直指向曹溪方向。十一月十三日，人们把神龛和五祖传下的衣钵一起迁回曹溪。

第二年七月出龛，弟子方辩用香泥涂在大师身上。门人们想起了大师所说有人要取大师头颅的预言记事，就用铁叶加上漆布，固定在大师脖颈上加以保护，然后把大师送入塔内。忽然塔内出现一道白光，直冲上天，三天以后才消散。韶州官员把此事报告给朝廷，奉皇帝命令立了碑，记载大师的道行。

大师享年七十六，二十四岁时接受传法祖衣，三十九岁剃发为僧，说法以教化百姓，一共有三十七年。法嗣四十三人，那悟道超凡的就不计其数了。达磨所传作为凭信的法衣（西域出产的屈朐布），唐中宗赏赐的磨衲衣和宝钵，以及方辩所塑的大师真像和大师所用的道具，永远作为宝林寺的镇寺之宝。大师留传下《坛经》，以表明宗旨，使三宝兴隆，并普遍有利于天下百姓。

源流

《坛经》是一部具有高度独创性的中国佛教经典。它的根子，一面深扎在佛教教义之中，一面又深扎在中国传统文化之中。它是二者的结晶，又是二者的延续。《坛经》说，它传的是佛的心印，正法眼藏，是既形诸文字又未必形诸文字的佛法大义。因此，追溯《坛经》的思想来源以及考察它的流向和归宿，我们不能不求助于文字却又不能拘泥于文字，从根本上说，我们必须求助于对整个传统文化及佛教教义基本精神的理解。

传统人生论

　　中国文化传统，源远流长，然而春秋以前，由于文献缺乏，实况不甚了了。我们今天所说的中国文化传统，大抵从春秋时代开始。其代表人物，是孔、老以及以后的杨、墨、孟、庄、荀、韩等人。诸子主张不同，但所探讨的，不外社会和人生两大问题：如何治理好社会，人应该怎样活着等等。

在今天，我们探讨人生问题，往往归结为某些体制方面的原因，认为只要建立或改变某些制度，人生问题就可迎刃而解。中国古人则恰恰相反，他们探讨社会问题，也往往归结为人生的问题，以为只要人人都做一个好人，社会就能稳定，大家都会安乐。以做一个好人为核心，古代思想家广泛探讨了社会以及自然界的种种问题，以期说明怎样做才算一个好人，为什么要做一个好人，做好人有什么益处，以及能不能做一个好人等等。

如果要问孔子，怎样做才算一个好人？孔子的回答只有两个字：仁、孝。两个字意思不同，实质却只有一个，仁人没有不孝的，孝子也不会不仁。孝，只是子女对父母而言，仁则涉及一个人立身行事的种种方面。孝是仁的根本，仁是孝的推广。《国语·晋语》说："爱亲之谓仁。"《中庸》也说："仁者，人也，亲亲为大。"这些都在说明，仁的本义，就是孝。

孔子认为，一个能够尽孝的人，就一定能够尽忠，就不会犯上作乱，社会就能安定。一个处于统治地位的人，如能做到仁，就会得到百姓的拥护，政治就能太平。

至于怎样做才是仁，孔子的回答往往不同。樊迟问什么是仁，孔子回答是"爱人"；颜回问仁，孔子回答是"克己复礼为仁"；仲弓问仁，孔子说是"己所不欲，勿施于人"；司马牛问仁，孔子说是"仁者其言也讱"。（《论语·颜渊》）《论语·子路》，孔子说，仁的表现是"居处恭，执事敬，与人忠"，说"刚毅木讷近仁"。《论语·阳货》，孔子又说，能够做到"恭、宽、信、敏、惠"的，就是仁。孔子对仁的不同回答，往往使学者们惶惑，其实这正说明，仁是一切德行的根本，一个具有仁德的人，在各种情况下都能做得很好。如果人人都有仁德，则在家就能父慈子孝，在国就能君君臣臣，天下太平，国泰民安。

但是，如果要问：为什么要做一个仁人，做个仁人有什么好处，是不是人人都可以做一个仁人？孔子不是没有回答，就是虽有一些可以被认为是答案的言论，但说得不明确，也不详尽。

孔子以后，儒家学者接着孔子提出的问题，对社会和人生继续进行了探讨。孟子把仁的根源追到人的本性，认为人的本性是善的，这善良的本性，就是为仁的根源。人人都有这善良的本性，所以人人都可以做到仁，做一个好人，用孟子的话说，就是"人皆可以为尧舜"（《孟子·告子下》）。在孟子看来，有些人之所以为恶，就是他丧失了这可以为善之心性，不过可以通过教育，或者自己的修养，把丢失了的善性找回来。

孟子"性善论"的主要意义，在于他说明了人的为善，不是从外面强加给人的束缚，而是人的本性中固有的内在要求。

不过当孟子提出"性善论"的时候，同时也有不少人提出了不同的或相反的主张。有人说，人性是无善无恶的，或有人性善、有人性恶的。最尖锐的对立意见是荀子，他认为人性本来都是恶的，教育就是为了改变人所固有的恶的本性，使人变成一个好人。

不同意人性本善的人们，并不否认人可以做一个好人，至少是并不否认大多数人可做一个好人。但是，他们把做好人的条件归于外在的教育，这就是说，让人学好，是从外面强加给人的。从外面强加给人一个什么东西，合适吗？应该吗？以老、庄为代表的思潮，激烈地反对这种强加。

老子主张见素、抱朴。素是未经染色、绘花的布帛，朴是未经加工、雕琢的木材。老子说，天地之间，无论什么事物，假若要有所兴作，只要用素、朴的原则去要求它，就会安守本分，归于正道。所以他要求人们归于朴的原则，清静、无欲、无为，这样，人们彼此之间就可以相安无事。

老子把国家的各种礼仪、制度，把儒家的仁义忠孝等道德原则，都看作是文饰，就像给布帛染色、绘花，对木材加工雕琢一样，都是从外面强加给人的。强加的文饰破坏了素朴，所以导致国家昏乱，家庭不和。

庄子把老子的思想发展到了极点。庄子认为，那儒家倡导的仁义就像牛的鼻具、马的笼头，鼻具和笼头严重伤害了牛马的天性，仁义也严重伤害了人的天性。伤害人的天性，乃是一切祸乱的根源。庄子希望，人以及世界上的一切生物，都应保持自己的天性，假如做到这一点，则人可以和禽兽杂处而不相互惊扰，人与人就更不会有争夺而相互损害。

这些思想家，不论主张多么不同，他们都希望从人的本性中找到应该怎样做人的答案。

秦朝建立，这些思想家的主张几乎全被抛到一旁。不过时间非常短暂，就到了汉朝。汉朝建立之初，崇尚黄老，无为的主张在政治上得到了贯彻，不过时间也非常短暂，许多问题没有在这个原则的基础上得到讨论，就到了独尊儒术的时代，老子的学说被挤到了后台。

在董仲舒提出独尊儒术的时候，中国哲学的气论已大体具备，可以用来对社会和人生的许多问题作出解释。依照气论，天地万物一直到人，都由气构成。气分阴阳、清浊。依董仲舒所说，由于构成人体的气不同，人性出现了差别。圣人全由清阳之气构成，所以全是善性；恶人全由阴浊之气构成，所以性恶；大多数人则由阴阳、清浊二气构成，所以本性有善有恶，是做好人还是做坏人，全看后天的教育和自己要怎么做。

董仲舒以后，有知识的人几乎都成了儒生。儒者之间，又分许多学派，发生这样那样的争论，但在关于人性善恶这个问题上，无论是杨雄还是王充，可说都接受了董仲舒的主张。

董仲舒反对孟子的"性善论"，因为多数人都禀有阴阳二气，本性怎可能是纯善无恶呢？不过在董仲舒看来，怙恶不悛，教育也无法让他改变的人，毕竟是极少数。绝大多数人，还是可以做一个好人的。

怎样才算一个好人？那就是按照儒家的原则行事。其中最重要的是三纲、五常。三纲就是君为臣纲、父为子纲、夫为妻纲，后者对前者应该绝对服从，五常就是仁、义、礼、智、信。三纲五常，就是儒家所提倡的基本的道德原则。不过董仲舒说，这些原则，乃是天意，或者说，是根据天意而制定的。这样一来，儒家的原则就成了天意的表现。照这些原则行事，就会受到天的表彰和奖赏；反之，则会受到天的批评和惩罚。天的表彰，就是降下祥瑞，比如彩霞祥云、风调雨顺、麒麟出世、凤凰来仪等等；天的批评就是降下灾异，比如日食月食、狂风暴雨、地震山崩、虫灾旱灾等等。不过董仲舒的这些理论，主要是对国君即皇帝而言。至于一般人，做好人会怎样，不做好人又会怎样呢？

根据司马迁的《史记·伯夷列传》和后来关于命运问题的讨论可以看出，当时人们普遍相信两句话，一句是《老子》第七十九章的"天道无亲，常与善人"，一句就是《易传》的"积善之家必有余庆，积不善之家必有余殃"。这就是说，做好人，一定能得到天的好报；做恶人，一定要得到天的恶报。报应不仅及于本人，还及于子孙。一个好人，会子孙众多，并且子孙们还会升官发财；一个恶人，会断子绝孙。即使不绝断，子孙们也要穷愁潦倒。

汉家天下四百年，董仲舒的思想差不多统治了三百多年。依董仲舒的思想，一个人是不是好人，看的是他的外在表现，而不是他的内心，这样极易使人作伪。比如一个人，不论他平常如何对待父母，只要在为父母守丧时竭力哭泣，就会被认为是孝子，也不论他心里真是悲哀，还是为了博得一个孝子的名声，这样作伪的人也确实不少。那时候，只要有一个孝的名声，就会有官做。这种情况越来越引起士人们的不满。魏晋时代，士人中间涌起了一股强大的思潮，反对把一些外在的形式强加于人，以致束缚了人的天性。他们提出一个口号，叫作

"任其自然"。"自然"，就是天性、人的本性。"任其自然"，就是人应该按照自己的本性活着，不应为了服从一些外在的规范而束缚自己的天性。至于这个本性是好是坏，他们并不进行讨论。他们只坚持一条：凡是本性都不应受到伤害。比如鹅的脖子长，你就不应把它截短；鸭子脖子短，你也不应把它续长，如此等等。他们的想法，正好和老、庄思想符合，所以老子、庄子的学说在沉寂了几百年之后就又流行起来。

儒者们喜欢研究、阅读《老子》《庄子》，他们聚在一起也常常谈论《老子》《庄子》，并且常常把儒家那些道德原则和老、庄的哲学结合起来，于是形成了当时独具特色的学问，学者们习惯称之为"玄学"，其代表人物是王弼、何晏、郭象等人，其中又以王弼成就最高，最为著名。从喜欢老、庄这个角度看，人们说王弼等人是道家。不过王弼等人并未放弃儒家的原则，他们对儒家经典的阐释，在长时期里，都是官方认可的标准解释。因此，当唐代要将一批卓有贡献的儒者从祀孔庙的时候，首次确定的名单之中，就有王弼，并且一直延续到明朝。王弼等人是儒家，还是道家？至今学者们还在争论。我们不介入这个争论，我们关心的是那"任其自然"的口号。在这个口号下，他们虽然援引了许多自然物的例子，但目的还是为了说明，人应按照自己的天性做人。

但人毕竟不是鹅鸭，无法从外形上去说明他们的本性，而只要一接触到人性问题，就不能不以某种方式说明人的本性是什么。当时有个叫向秀的，说"好学"是人的本性。所谓"好学"，就是喜欢孔子儒家那一套仁义道德、礼义制度。但嵇康反对向秀，说"不好学"才是人的本性。尽管他们都同样尊重人的自然本性，但一旦要说出到底尊重什么，却又大相径庭。

老子、庄子的学说受到了广泛欢迎，但同时也被当时的人们作出了新的解说。比如庄子说，给马戴笼头，给牛穿鼻具是伤了牛马的天性，但郭象的注释却说，戴笼头、穿鼻具，正是牛马的天性。否则，为什么不给鸭儿、雀儿、鱼儿、猫儿都戴上笼头，穿上鼻具呢？这实际上也是说，遵守仁义礼制也是人的天性。

然而，这些思想家们虽然都有自己的人性观，但他们到底谁也没有说出人性究竟是什么，其结果只能是各行其是。那个时代，政局动荡，天下大乱。这种各行其是的人性观，既是对那社会混乱的反应，同时也助长了社会的混乱。

在这混乱的时代，要不要做一个好人呢？不少人不再关心这个问题，人应该按自己的本性行事，无所谓好坏的问题。许多人已不再担心自己的行为会受到天的惩罚。因为早在汉代，王充的《论衡》已经证明，那些被认为是对人事反应的现象，实际上并不是对人事的反应。

联系对人生的态度，报应问题也得到了广泛讨论。早在汉代，司马迁鉴于伯夷、叔齐好人而得恶报，就对天道报应发生了疑问。司马迁问道：难道天就是这样报应善人的吗？由于重视历史，人们很容易发现，那些好人，子孙并不一定兴旺；而那些坏人，子孙倒并不一定不兴旺，所以，到底有没有报应？有许多儒者都发生了惶惑。于是，不少人就把人生的种种遭遇归结为命运。命运，是一种自己无法控制的、外在的力量，它是在人出生之前就已安排好了的，人无法依靠自身的力量去改变它。无论命运是由谁安排，归谁掌握，总之它不是由人安排，不归自己掌握。既然如此，人的德行还有什么意思呢？人何必还要去做什么好人呢？信仰发生了危机，从传统儒家典籍中找不到答案。

儒者们许多只知拘守孔子的教导，说臣子应该服从君主，儿子应该服从父亲，妻子应该服从丈夫，老百姓应该磕头纳税。至于这样做有没有什么好处，儒者们无法作出回答。儒者们也无法把这样做归结为人的本性，因为他们自己也说不出这本性到底是什么。做好人既非本性的内在要求，只能是外加的桎梏，接受这外加的桎梏又没有任何好处，人为何还要接受它呢？

在这种情况下，大批的民众皈依了佛教，其中包括许多长期受儒家思想熏陶的士人、官僚，直至皇帝。因为佛教解决了这个精神危机，拯救了他们的灵魂。

佛教与人生

佛教在东汉初年甚至两汉之际就已传入中国，然而在将近二百年左右的时间里，它却很少发展。直到东汉末年，人们还把佛和老子、孔子一起祭祀。在他们看来，佛进入中国，不过是中国又多了一尊神罢了。

魏晋时代，佛教开始发展，然而还是被当成一门学问，依附于玄学，佛教讲空，在玄学家们看来就是谈无。不少高僧，不仅通佛典，而且通玄学。有的谈庄子，能独出新见，超然于玄学家之上。

禅学早已传入，但只在民间传播，很少得到社会上层的重视。佛教的因果报应说很可能在佛教传入之初就进了中国，也引不起上层人物的反应。三国时代，一些高僧还不得不借助《易传》上的"积善余庆"来解说佛教的因果报应。

大约在东晋时代，佛教的六道轮回、因果报应说逐渐引起了上层知识界的注意，断断续续进行的讨论延续了近二百年。一些保持儒教立场的知识分子坚决反对轮回和因果报应学说，他们往往援引历史事实，说明积善未必会有好报。这时候，慧远的《三报论》起了关键的作用。依《三报论》，报应不是报在子孙，而是报在自身。今生的恶报，或许是由于前世或前多少世的恶业；同样，恶人的善报也或许是前世的善业。今生的善行、恶行，也可能现积现报，也可能要到来世或多少世以后再报。报应，是必然的，而且也是准确的。

积一分善，就会有一分善报；造一分恶，就会有一分恶报。只是时间有早有晚罢了。后来人们把这样的报应说归结为几句话，叫作"善有善报，恶有恶报；不是不报，时候未到；时候一到，一切都报"。在这样的报应论面前，儒者们无话可说了。

佛教的报应论向人们指明了行善的必要和行善的好处，自然受到了广泛欢迎。儒佛争论的结果，是佛教及其报应论的凯歌行进。南朝初年，宋文帝曾下诏，设想用佛教来帮助教化。到梁武帝，更是亲自事佛，舍身入寺，对佛教的尊崇达到了顶点。

正如《坛经》所说，以梁武帝为代表的对佛教的尊崇，其主要内容是通过行善积累功德，以期获得善报，即所谓"求福田"。

求福田不仅是为了今生，更是为了来世，希冀来世在六道轮回中能得人、天之果，或有大富大贵，至少不要堕入饿鬼、地狱。然而人天之果也还是免不了轮回，更进一步的追求是涅槃寂静，这正是佛教区别于外道的三法印之一。

东晋末或南朝初年，涅槃学代替般若学，流行起来。这种情况表明，人们已不仅把佛教当作一门学问来谈论，而开始普遍接受佛教教义，并付诸实践。

涅槃寂静也就是成佛，但是否人人都可以成佛，在尊卑等级森严的社会里是一个极大的问题。依初期传入的佛教教义，一阐提人是不能成佛的，就像董仲舒说的纯禀阴气浊气的人不能向善一样。但东晋末年，竺道生孤明先发，认为人人皆可成佛，包括一阐提人。其根据是，人人皆有佛性。竺道生的意见振聋发聩，但起初不为人们理解，他甚至被革除教籍。后来新的《涅槃经》译本出世，证明竺道生所说正确，于是受到广泛尊崇。

竺道生主张顿悟。人人皆有佛性，人人皆可成佛的结论，就是他悟得的真理。他的顿悟，以及他悟得的结果，不是来自佛经，而是来自魏晋时代广泛流行的"得意忘象"的思想方法，来自中国传统的"性善说"和"人人皆可为尧舜"的主张，还来自魏晋时代广泛流行的老庄思想。老子认为"道生万物"，庄子进一步作出推论，说万物都有道，包括那最低下的尿溺，其中也有道。在佛教，佛性是个普遍存在的本体，怎么可能会有一部分人没有佛性呢？

竺道生的顿悟以及他顿悟的结果，是中国传统和佛教教义的结晶，又是二者的进一步发展，是从二者之中必然会作出的推论。

　　人人皆可成佛，下一步的问题就是如何成佛。竺道生并未否定当时普遍奉行的修习方法及修习内容，他只主张到一定阶段可豁然领悟佛教的一切真理，大彻大悟，见性成佛。在这众多的修习方法中，重要的一项是坐禅。

　　禅的本义，就是"静虑"。修行者在安静的状态下，去思考、领会佛教的真理。为了达到静，修习者首先坐下来，身体不要动。然后排除杂念，使心里安静。为了使心里安静，排除因外界干扰所引起的杂念，有的修习者遁入山林，远离尘世；有的面壁而坐，称为壁观。坐姿也有要求，比如跌坐。为了使心能安定，身体其他部分也有些相应的要求，比如舌拄上腭等等。这样的坐禅，就是《坛经》所批评的为色身肉体所立的功课。由于在坐禅时思想专注，坐禅又往往称为禅定。

　　坐禅这样的修习方式，其功用是借助那思想安静的状态去领悟在受法、诵经时所获得的真理。在众多修习方法中，它本身还不具有特殊的地位。

　　心灵安静有益于思考，是古今中外许多思想家的共识。比如老子主张"致虚极，守静笃"，就是让人切实保持安静，使心里做到极端的空虚。荀子也主张"虚壹而静"，即排除杂念（虚），精神专注（壹），心灵安静。这样的状态有利于思考，也有利于人们的道德修养，使人可以心平气和地去考虑问题，反省自己。在这种心境下，以及在这种心境下所得出的结论，往往是比较正常和谦和的。即使那些不专门修习的人，当夜半三更，扪心自问，也会反省自己的过失，心平气和。所以孟子要人们保存"夜气"，就是要人们能像夜里那样的心平气和，头脑清醒，不至于鲁莽行事。禅的修习方式，可以说和中国传统是相通的。

在般若学占主流的时代，禅学仅是般若学的附庸，是达到慧的一种手段。

般若学转向涅槃学，禅的地位也日益重要起来。人们接受佛教，不仅是要接受它的理论，以获得知识和学问，而且要追求佛教所指出的境界：涅槃寂静，以便永脱轮回，得常、乐、我、净。坐禅，逐渐被认为是达到这一境界的最佳手段，因为坐禅本身就是一种静，是一种静的修习。静由浅入深，达到极端，就是寂静，就是涅槃，这样就可以由坐禅而得成佛。其他的善行或修习，不是可以放弃，就是可以作为禅定的准备和补充。禅在诸种修习之中地位日渐提高，专事坐禅的禅僧队伍也日渐扩大。

这样的禅法，不仅是排除杂念，断绝欲望，专注一境，而且是要求什么都不想。这就是《坛经》中所批评的一念不起，百物不思。

然而，修习者能否做到一念不起，百物不思？即使能够做到，修习到这个地步，如《坛经》所说，和无情的木石又有什么区别？这样的寂静，是不是真的寂静，是不是佛祖要人们追求的目标？

在百物不思之旁，还有一种禅法，它也不主张百物不思，只主张专注一点，去思考佛教的道理。比如作空观，思考万法皆空；作苦观，思考人生皆苦；作不净观，思考人生如何不可留恋，从而排除欲望，深刻体悟苦空的道理。不过这种禅法和百物不思有着共同的弊病，即思虑能否专注一点而不及其余？

更重要的是，人们在坐禅时获得的境界和心灵状态，在不坐时是否仍能保持？孟子要人们保持夜气，就是由于夜气到了白天，一旦接触各种各样的人和事，就会消失。人们在坐禅时所达到的心境，一旦脱离那坐禅的环境，比如从山林到了市井，从面壁变为面对人生，还能不能保持？如果不能，这算不算真正的净或寂静？随着禅定在佛教修习中地位的提高，修习禅定者的增多，人们对佛理和禅定的理解也日益加深，同时也提出了一系列有关禅定的理论问题。这些问题促使人们思考，同时也把佛教的教理、教义向前推进。

在禅学日益发展的时候，有关佛性的讨论也日益深入。佛性本净的思想，经过新译《大般涅槃经》和《大乘起信论》的重申和强调，更加深入人心。对于禅定，也由强调身不动到强调心不动，《维摩经》曾经指出，直心是净土，直心是道场。也就是说，那虔诚向道的心就是佛国净土。这样，佛国净土就在自己心里，不必向别处寻求。新译的《涅槃经》也把"了了见佛性"（《如来性品》之五）作为成佛的标志，认为"若见佛性，能断烦恼，是则名为大涅槃也"（《光明普照高贵德王菩萨品》之五）。

既然人人都有佛性，那么，只要见着身中的佛性，也就可以成佛，无须到身外寻求。这些思想，也都为《坛经》的出现准备了思想资料。只是在这些经里，上述思想还和其他思想并列在一起，未能突出出来，未能得到特殊的强调，也未能得到更充分的论证和解说。因此，把这些原则分离出来，进行突出的强调和论证，使它们由具体原则成为普遍的、根本的原则。这个理论上的飞跃，是由《坛经》完成的。

《坛经》和它的源

《坛经》是佛教理论和中国传统发展的延续，它解决了佛教理论和中国传统发展所必然提出的问题。

《坛经》又是佛教理论和中国传统精神的结晶，它浓缩了佛教教义和中国传统文化的许多精华，形成了自己独特的、影响深远的理论。

禅之所以要坐，可能与佛的行为相关，因为释迦佛就是在菩提树下静坐数天以后才最终悟道的。然而佛到菩提树下是要悟道，而不是要坐，或坐或卧，并非悟道所必经的手续，自然后人也不必非坐不可。

佛者，觉也。早在佛教传入之初，人们已懂得这个道理。觉悟，是佛教的核心要义。就是有了觉悟，才使释迦成了佛，使佛教成为与当时诸多教派都不相同的特殊的宗教。

佛与众生的区别，也仅在觉悟与不觉悟之间。悟就是佛，不悟就是众生。佛也不是存在于别处的佛，而是自心觉悟了的人。求佛也不必到身外求，就在自色身中求，于自色身中皈依佛，如此等等。在这里，累年的渐修、苦行，未必就是悟的必要前提。有些人，苦修终生也未能悟道；有些人，一念之间就可以领悟。悟，不是上阶梯，只要不怕苦，一步一步，终可到达顶点。不是的，对于愚迷的人，这个阶梯是没有尽头的，他们永远上不到顶点，就像他们往生西方也路遥难到一样。但是一旦觉悟，这个阶梯就不复存在，西方净土立刻就会出现在眼前。

禅宗僧人说，释迦在灵山拈花，迦叶微笑，世尊就说："吾有正法眼藏，涅槃妙心，付嘱摩诃迦叶。"所以他们是教外别传，虽不见经传，却是得佛心印。无论这种说法如何，无论人们如何看待这种说法，都不能不说，禅宗他们自己，确是抓住了成佛的核心要义，也就是一个"悟"字。这个核心要义，是佛教的传统，至少禅宗认为这是佛教的传统，是《坛经》的思想源泉。

《坛经》反复强调，"法无顿渐"，人有利钝。因为核心是个"悟"字。利根人会很快就悟，钝根人要经人指导，过很长时间才悟，看来好像是渐修，其实没有谁立一个法门，说无论什么人，都必须经过多少次第才得领悟。如果不悟，渐修也不能成佛。依《坛经》之说，"南顿北渐"的说法是不对的，神秀也不是主张渐修。神秀与惠能，只是一个法门，不过神秀所说只是教钝根人、小根智人罢了。《坛经》在这里的论说，仍是紧紧抓住了悟与不悟这个佛教的核心要义。

释迦悟道，讲说佛经，一切佛经，都是佛心中所出。如果我能领悟，所有的佛经也都在我心中。这是《坛经》悟出的道理，这个道理，也不能不说是佛教的传统。正因为如此，那悟了的六祖惠能，就能够得无师之智，自己虽不识字，只要听人读一遍，就能讲解经义。因为这些经，无论字面意思多么不同，都不过是在各种各样情况下，对各种各样不同的人，讲说要他们怎样去悟，去成佛。悟，是所有佛经的核心和归宿。而一切理论、一切修持法门，都不必是悟的前提，不必是悟的必经阶段，就像释迦佛在菩提树下的静坐未必就是悟的前提一样。

依此推论，则读经也可，不读经也可。读经如果依言背义，反成障道因缘，甚至谤佛谤经，不读经也可成佛，只要领悟。

《坛经》对待佛经的态度，又不能不说是佛教的传统。不过在佛经中，虽有不少强调三界万法，唯心所作，但明确主张不读经的，却不多见。这一点，却要求之于中国的传统。

《庄子·天道篇》说，桓公在堂上读书，轮扁在堂下做轮。轮扁问桓公读的什么？桓公说是圣人之言。轮扁说，圣人已死，其书乃圣人之糟粕。比如自己做轮，不可徐，也不能疾，而不徐不疾、恰到好处，则只能得之于手而应之于心，口不能言，父不能喻子，子也不能得之于父。可以形诸语言文字的，只是形名度数，圣人之糟粕。庄子讲这个故事，旨在说明，世人贵重的，不过是书；书，不过是语言；语言所贵者，是意，而"意有所随，意之所随，不可以言传"（《庄子·天道》）。庄子此处又重申了老子的话："知者不言，言者不知。"不注重语言文字，而注重心领神会，是老庄的固有传统。

在儒家，也十分关心语言文字和它所表达的意义的关系。汉代最重《公羊春秋》，而《公羊春秋》重视的，就不是《春秋》字面上的意思，而是字面以外的微言大义，是隐藏在字里行间的言外之意，是孔子为什么要这么写而不那么写，为什么下这样的判断而不是那样的判断，一句话，《公羊春秋》所求，也是圣人之心。

魏晋时代，老庄流行。老庄的精神，渗入社会的每一个细胞。和《老子》《庄子》并称的是《周易》，《周易》在汉代就被定为儒家经典，然而《易传·系辞传》说："书不尽言，言不尽意。"所以魏晋时代的言意之辨，筌蹄鱼兔之说，不仅是老庄的传统，也是儒家的传统。正是借助这种传统，才使道生能孤明先发，悟得一阐提人皆可成佛。而《坛经》，可说是道生的后继。由此看来，思想和学术上的源流关系，有时不仅在字面上，而在字面以外、字面背后的内在的精神。

人人都有佛性，佛性本清净，虽是佛教传统，而中国僧人，却首先是由自悟而得。自悟，借助的就是中国传统。这一点，前面已有论述。这两个命题，也是《坛经》的基本命题。然而构成《坛经》特色的，不仅是自性本净，而且更在于如何见性，如何保持这本性的清净而不被染污。

《庄子·大宗师》讲到一个得道者女偊，虽然年长，但颜若处女。女偊讲了一个得道的过程，"三日而后能外天下"，"七日而后能外物"，"九日而后能外生"。然后是"朝彻"，"见独"，没有古今，"入于不死不生"。到这个程度，就能做到"无不将"，"无不迎"，"无不毁"，"无不成"。庄子把这种境界叫作"撄宁"。"撄宁"的意思，就是"撄而后成"。

悟道的过程，是《坛经》所不取的。但所谓"朝彻"，就是像早上的天空一样清朗，也就是《坛经》所说的"悟"。到这样境界，就"见独"；见独，也就是见道。见道以后，就无古无今，入于不生不死。这和《坛经》的见性，也相差无几。然而，所谓外物、外生、无古今、不死不生，不是百物不思、离物独处，而是在与物相接之中，获得心的宁静。所谓"将""迎""毁""成"，都是与物相接的方式。在这些方式中，他迎送一切事物，也成毁一切事物，但不放在心中。撄，就是刺激。撄宁，就是在外物的刺激之下获得宁静，在纷纭扰攘的人世仍然保持心里的宁静。成玄英《庄子疏》论撄宁道："圣人慈惠，道济苍生，妙本无名，随物立称，动而常寂，虽撄而宁。"

成玄英是唐初著名道士，他认为："为道之要，要在忘心。"（《庄子疏·逍遥游》）只要忘心，心不执着，则无论是做尧舜还是做许由，都不重要；无论是隐居山林还是高居廊庙，也都一样。因为"圣人动寂相应，则空有并照，虽居廊庙，无异山林，和光同尘，在染不染"（《庄子疏·逍遥游》）。

无论庄子的得道和《坛经》的见性有多少差别，但主张在纷纭的干扰和刺激之中仍然能保持的宁静才是真正的宁静、清净，则是共同的。这样，就不能不说，庄子的撄宁观是《坛经》清净观的源泉之一。

《坛经》在现实生活中的渊源，乃是平民争取平等的运动。

据《中国禅宗通史》，南北朝到唐初，一部分禅僧为上层人物所重视，上层人物也修习禅定，从而形成了"官禅"，居于优越的地位。而多数禅众，则仍然云水四方，居无定所，修习条件十分难苦，并且常常受到压制、迫害。禅宗在中土的初祖菩提达磨，达磨的传人慧可等，都曾受到迫害，而慧可还很可能是因迫害致死。

中国古代社会中，现实的政治、经济生活中没有平等，与此相适应的宗教生活中，也没有平等。儒教规定，只有天子才可以祭天，即祭天这个最高神。地方官替代了古代的诸侯，祭境内的名山大川。普通百姓，只能祭自己的祖先。如果违犯规定，祭自己不该祭的，轻者被认为是淫祀，加以取缔。重者，比如地方官或某些王侯祭天，则被认为是僭越，是大逆不道，就要被治罪、处死。由于这种情况，使许多人认为，中国古代百姓，在佛、道之外是没有宗教的。实际上不是中国百姓没有宗教，而是他们在这种宗教制度中没有祭祀平等的权利。

随着人类的进化和自我意识的觉醒，平民的平等要求不断以各种方式表现出来。原始的基督教，以及初期的佛教、道教，都带有平民争取平等的性质，然而在实际的发展中，平等的要求又往往难以实现。

在古代社会，平民要争取到政治、经济上的平等是根本不可能的。平民所能争取到的唯一的平等，就是宗教上的平等，即人人有往生净土的同等机会。道生说一阐提人也可成佛，是为善根断尽的人争取成佛的权利，这或许只是理论上的推论，因而主要是佛学理论上的成就。而《坛经》的思想倾向，却是显明地为平民争取宗教平等的权利。平民没有很多财产可以去布施、斋僧、建寺、修塔；多数不识字，也没有可能诵念很多经文；但他们也有同样清净的自性，而且具有同样多的领悟的机会，因而就有同等的成佛的权利。这样，平民们就在尊卑等级森严的现实社会里为自己找到了一方净土。在这方净土里，他们的自我意识就以独立的资格和王公大人处于平等的地位。而惠能，就是他们的代表和领袖。

历史的进程，已把人与人的平等权利扩大到了现实领域：政治上平等的选举权，在法律面前人人平等，等等。我们希望，这些在法律上确认的平等权利再进一步，变为实际上的平等，从而不必再要什么法律，不必再要什么平等权利。那时，我们就可以和六祖惠能大师一起说：净土就在眼前！并且这现在眼前的净土也无现前之量，常乐我净也不存在，无受用者，也无不受用者。

《坛经》流向

《坛经》的思想流向和归宿，稍具佛教知识的已大体清楚。惠能大师示寂以后不久，南宗就迅速扩大，成为中国境内最重要的佛教宗派。自性本净、悟即是佛的思想不胫而走。不仅出家的佛教信徒，即使不出家的士大夫，在朝的、在野的，一时几乎都成了禅宗的信徒。禅宗南宗的发展，就是《坛经》思想的传播。

《坛经》的影响自然首先是在佛教内部，它引起了佛教理论和实践的巨大变化。外在的善行不是重要的，重要的是自己的心；偶像崇拜也是不必要的，佛只在自己心中去觅；修持不是为了来世的福田，而是为了本心的清净。唐朝后期的佛教法难，其他宗派都受到了巨大打击，只有禅宗，不仅经受了打击，而且发展了、壮大了。

在禅宗的发展中，《坛经》所阐发的某些思想也被推到了顶点。

依《坛经》所说，要成佛，诵经不是一定需要的，不过并不否认诵经，也不否认通过语言传授佛法。但后继者却进一步认为，语言也是不必要的。他们传授佛法，往往通过所答非所问的"机锋"，让人去领会那言外之意。"机锋"是"言不尽意"，在传法实践上的应用，是由于道、佛性等在本质上超于言象所采取的特殊的"解说"方式。师徒之间通过机锋问答，确实能促使人的领悟。但是，机锋也可用来掩盖双方的无知无悟、故弄玄虚。

机锋是对言语可直接表意的否定，机锋的进一步发展，则是根本取消言语的表意功能，而采用所谓"棒喝"等等怪异的方式，其流弊自然也比机锋更加严重。

机锋、棒喝，都是促人领悟的传法方式，悟的结果，就是要见自性，觅心中之佛。佛既然在我心中，则身外之佛祖自然都可视作虚无，于是诃祖骂佛之风兴起。成佛与否，全在于悟与不悟，一切外在的修行方式都可以不要，戒律也可以抛弃，从而使一些人蔑视佛规，不守戒律，损害佛教的形象。而且《坛经》主张心如虚空，包容一切，自然包含善也包含恶，只要自己不取不舍。这一面固然使修持者在外境纷纭的干扰之下获得真正的清净，一面也使有些人对违犯佛规甚至作恶也不以为然，出现了一些所谓"狂禅""野狐禅"等。这样的禅法和禅僧，对于佛教的进一步发展，是很不利的。

禅宗在发展中，不断克服着这些极端的倾向，使自己得以正常发展。

禅宗对儒学的影响几乎是尽人皆知。唐朝中后期士大夫，几乎无人不参禅。宋初儒者，则几乎人人出入佛老。不过，儒者参禅学佛的结果，并没有化儒为禅，而是借助禅学，使儒学得以复兴。儒学借禅学复兴的最重要的标志，则是对心性问题的重视。

朱熹借评述韩愈，道出了他对禅的态度。朱熹说："虽然，使公（指韩愈——按）于此能因彼稊稗之有秋，而悟我黍稷之未熟，一旦翻然反求诸身，以尽圣贤之蕴，则所谓以理自胜，不为外物侵乱者，将无复羡于彼，而吾之所以自任者，益恢乎其有余地矣，岂不伟哉！"（朱熹校注《韩昌黎先生集》卷十八）在朱熹看来，禅学乃是已熟的稊稗，他要借着这个稊稗，来促使儒学的成熟。

借禅学以复兴儒学，促使儒学理论趋于成熟，在唐朝后期就已经开始了。其最重要的标志，一是对《孟子》及《大学》《中庸》的特殊重视，二是李翱《复性书》，集中讨论心性问题。到宋代，《孟子》《大学》《中庸》和《论语》一起，成为"四书"，地位升于五经之上，其中最重要的理由，就是这些著作较多地讨论了心性问题。

汉代儒者重视外在的行为表现，造成了许多流弊，魏晋儒者要求任其自然却又说不清自然本性是什么，心性问题首先被佛教深入讨论了。在数百年间，儒学理论停滞不前。佛教心性论的发展，给儒学敲了警钟，也给儒学做了榜样。唐末、宋代的儒者，开始高度重视心性论问题。他们讨论了心性的来源，把它说成是理或气。他们区分了天地之性和气质之性，区分了人心和道心，把心性本体说成是纯善的，同时也为恶找到了来源。他们主张用天理去排除人欲，但又主张在人伦日用之中去实现纯乎天理的境界。他们给自己规定了做人的目标，那就是成圣，这也是超迈汉唐儒者的。到王守仁，甚至说，满街都是圣人。做圣的途径，也是求助于自己的心。在这些基本问题上，我们处处都可寻出禅宗影响的痕迹。

从经书中寻找字面以外的微言大义，本是儒学的传统。然而《坛经》问世以后，儒学又从禅宗学得了这样的释经方法。性与天道问题，是孔子不与弟子们谈论的问题，但在宋代儒者看来，一部《论语》，讲的全是天理人欲、性与天道问题。张载《正蒙》甚至说，不知性与天道，就不能制礼作乐！宋儒对待儒经的态度，也使我们想起禅宗对待佛经的态度。明末清初儒者批评宋明儒者近禅，宋明儒者之间也互相批评对方近禅，并非虚言。

不过倘要宋明儒者自我评价，则他们自认为和禅有着重大区别。其区别归于一点，就是他们修心的结果归宿于天理，而禅却归宿于空、净。天理是实，空净是虚，所以他们是实学，禅是虚学。不过在局外人看来，他们和禅的区别，仅在于有无天理而已。

天理是外在规范，也是内在要求汉儒的纲常名教，魏晋对自然本性的尊崇，在天理观中不仅得到了统一，而且得到了提高。儒学之所以能走到这一步，用朱熹的话说就是他们借助了禅宗。

不过最先向佛教学习的，还是道教。早在南北朝末年，道教就仿照佛性说，认为人人皆有道性。唐代道教，又造出了《常清静经》《元道真经》等，把修道归结于修心，把心灵清静作为修道的最高目标。到了宋代，道教也分为南北二宗。南北二宗的共同特点，就是在内丹代替外丹的基础上，进一步把内丹归结于明心见性或识心见性。南宗创始人张伯端的《悟真篇》，讲说金丹之道，本就多用暗语、譬喻，但他仍然觉得太"泥于法象"，所以在篇后，又写了许多禅诗。比如："不移一步到西天，端坐诸方在目前。""悟即刹那成佛，迷时万劫沦流。""本自无生无灭，强作生灭区分。"这些诗句，即使说它们为六祖惠能所作，也未尝不可。

在论述金丹、成仙的《悟真篇》中，为什么要写禅诗呢？张伯端在《后叙》中说：人生的忧患，都是由于妄情；要去掉忧患，只有体会至道；要体会至道，必须明乎本心。如果"人能察心观性，则圆明之体自现，无为之用自成，不假施功，顿超彼岸"。也就是说，只要明心见性，就可当下成仙。在这里，道教不仅是受禅宗影响，而且是和禅合一了。

《悟真篇》后面的禅诗，清朝时被雍正皇帝选入禅宗《语录》。

稍晚于张伯端，王重阳创立全真教，也就是道教北宗。全真教的宗旨，以"识心见性为宗"，而且"不资参学，不立文字"。(《玄门掌教宗师诚明真人道行碑》)王重阳说"识心见性通真正""本来真性唤金丹"。他不主张打坐，也不主张叩齿咽液之类。他要的，只是心的领悟："莫端身，休打坐，摆髓摇筋，嘘咽稠粘唾，外用修持无应和，赢得劳神，枉了空摧挫……要行行，如卧卧，只把心头一点须猜破。"(《重阳全真集》)倘若不加说明，上面的宗旨都可看作是禅宗的某个派别。

张伯端数传到白玉蟾，《白玉蟾全集》中有《鹤林问道篇》，即彭耜（鹤林）向白玉蟾问道。彭耜问金丹，问炉鼎，白玉蟾的回答，全是讲如何修心。并且说，金就是性，丹就是心；所谓金丹，不过是心性。最后，彭耜领悟了："如所问道，则示之以心；如所问禅，亦示之以心；如所问金丹大药，则又示之以心，愚深知一切唯心矣。"

"一切唯心"，是佛教的核心，此时也成了道教的要义。

不过即使在《坛经》以后，禅宗也不是仅作为思想之源，它也同时吸收儒道教义来适应新的形势。如元代名僧印简，不仅宣扬佛法，而且倡导三纲五常、孔孟之道。他要求僧人不仅要奉佛法，而且要奉上天，为延国祚服务。金元之交的著名禅师行秀，儒释兼备，弘扬佛法，也传播儒道。明朝末年，名僧道盛，说"真儒必不辟佛，真佛必不非儒"，宣传儒释合一。佛教内部，禅宗也逐渐与净土宗等合流。这真是万法归一，共同造就了中国的传统文化。在这个传统文化中，《坛经》最重要的贡献，就是把外在的追求变为内在的反思，把求福田变为明心性，并且强调自性自度，自修自悟。

《坛经》版本流变

惠能大师圆寂以后不久，就有不同的《坛经》版本在流传。据可靠的资料推断，大体有两类本子。一类字数少些，一类字数多些。字数少的，一万二千字左右；字数多的要超过一万四千字。可分别称为简本和繁本。

北宋初期乾德五年（公元九六七年），僧人惠昕嫌《坛经》古本文字太繁，常常使读者在刚开始时欣悦，后来就感到厌烦。于是他对这文字繁多的古本进行删略，使之成为一万四千字左右的本子。

宋仁宗至和三年（公元一〇五六年），僧人契嵩发现了古本《坛经》，契嵩将这本《坛经》加以校勘，由吏部侍郎郎简出资刊印。有的学者推测，契嵩校勘的那个曹溪古本，很可能就是惠昕据以删略的古本。

因此，可以认为，在宋仁宗至和三年以前，在一个相当长的时间里，有三种《坛经》版本在同时流传。这三种本子是：

一万二千字左右的版本；

一万四千字左右的惠昕本；

超过一万四千字的曹溪古本。

到了元代，僧人德异说，他年轻时曾见到过《坛经》的古本。后来所见的，都是被人删略很多的本子。他认为，这样大量地删略经书，就使后人难以知晓六祖惠能的全部思想。于是他多方寻求，经过三十多年，终于在通上人处找到了这个古本。他立即将这个古本刊印。这一年，是至元二十七年（公元一二九〇年）。由德异作序刊印的本子，一般称德异本。

第二年，即至元二十八年（公元一二九一年），广州风幡报恩寺僧人宗宝得到了三种本子（从宗宝所写的校勘记看，这三个本子应都是曹溪古本系统）。他将这三种本子合校，该删的删，该补的补，校成一个新的《坛经》

版本。这个版本，一般称为宗宝本。

　　大约过了一百多年，到了明代永乐年间，宗宝本《坛经》作为定本，被收入了佛藏。从此以后，宗宝本就广泛流传开来。各种单行的《坛经》版本，几乎全是宗宝本。一万二千字左右的简本，一万四千字左右的惠昕本，都见不到了。曹溪古本也不好寻觅。宗宝本不仅成了最流行的版本，而且几乎成了唯一的《坛经》版本。德异本和曹溪古本在明代虽然也有人刊印、抄写，但流传面甚小，无法和宗宝本的地位相抗衡。

　　清朝初年，居士王起隆、曹溪僧人福征等，据明代万历初年所刻曹溪原本，激烈批评宗宝妄改《坛经》，是犯了四谤罪，应受严厉惩罚。然而王起隆等人对宗宝的批评，不过三条：1. 把曹溪原本四个字的品名改为两个字；2. 把原本的第一品分为两品，第九、十两品合为一品；3. 增、删、改动一百余字。而且多不涉及实质内容。

　　如果单拿曹溪原本和宗宝本相比，二者的区别也许是非常重要的。如果拿二者与那一万二千字或一万四千字的简本相比，则二者的区别就不是很大了，甚至可说是基本一致。时至今日，有些所谓曹溪原本，已经和宗宝本混淆为一，难以区分了。

　　王起隆的批评还说明，明清之际，那一万余字的简本已经见不到了。争论只在繁本的不同版本之间进行，社会上流行的，也就是二万余字的繁本了。这种情况，一直持续到二十世纪二十年代。人们一直认为，所说《坛经》，就是这二万余字的本子。

一九二三年，日本矢吹庆辉氏在英国人斯坦因从我国敦煌掠去的文物中发现了一个完整的《坛经》抄本，只有一万二千余字。经研究，知道这抄本出现的年代大约在公元九或十世纪，也就是唐宋之际。

敦煌抄本《坛经》的发现引起了人们很大的兴趣。随后，人们又在日本兴圣寺等寺内发现了宋代僧人惠昕删定的《坛经》抄本。

敦煌写本《坛经》和惠昕本《坛经》的发现使人们对《坛经》版本的流变有了新的认识。然而由此也出来了一些极端的意见，认为只有那一万二千字的敦煌写本，才是最早的版本，甚至认为敦煌写本就是惠能思想的实录。

迄今为止所发现的版本中，惠昕本、宗宝本，都明说是自己删略或改编的版本。敦煌本出自敦煌，其存在的年代之早也不容怀疑。问题在于曹溪古本或曹溪原本，它是否就是存在于惠昕以前的古本呢？

从古到今，所有学者们的意见加起来，也无法否认惠昕、契嵩、德异等人所说的真实性，因而也就无法否认，在敦煌本流行的同时，还有一个二万余字的《坛经》版本在流行。

那么，曹溪原本和敦煌写本，哪个又更早一些，哪个更接近原貌？则没有任何可靠的证据可以说明。

　　我们能够说的只是：曹溪古本在敦煌本流行的时代也在流行。而宗宝本的内容和曹溪古本大致相同，又是宗宝经过三个本子对勘，进行校定，在历史上又最为流行的本子，所以本书就选了宗宝本为底本。

解说

《坛经》作为一部中国僧人撰著且被冠以"经"的佛教典籍，其最核心的思想是在教人如何才能成就佛道，其最大的特点则是把一切归结于自心自性。对于这样一部佛教经典，现代人学习它、研究它，又有什么意义呢？

　　人们知道成佛问题，与成仙、做圣等问题一样，归根结底是一个做人的问题。无论是天国，还是西方净土，都决不收留恶人。虽然佛教允许一阐提人成佛，也有"立地成佛"的话，但一阐提人必须抛弃自己的罪恶，"立地成佛"的人必须首先"放下屠刀"，做一个好人。这样，成佛的问题就首先是一个做人，做一个好人的问题。在这个问题上，《坛经》所提出的许多问题，至今都还具有普遍的意义。

　　例如，《坛经》把一切归结于自心自性，认为佛在自己心里，只要识心见性，就能成就佛道，这是一种高尚的追求。现代人不一定人人希望成佛，但应该追求心灵的高尚。

《坛经》说"迷人修福不修道"。时至今日，修道者就更为稀少，修福者则转为更多。现代社会，物质生活的丰富，使到处都充满了诱惑。为争夺物质财富而不顾道义，几乎成了现代生活的特征。道德水准的下降几乎人人都感受得到。一切关心社会安定，关心人类生活质量的人们，对此无不忧心忡忡。在这样的社会环境里，不说那些什么也不修持的人们，即使那些有所修持的人们，也仅是为了福田，甚至是当下的升官发财，为了一己的私欲。在这种情况下，《坛经》要人追求心灵的高尚，要人们破除贪婪和嫉恨，对某些人来说，也是一服对治贪病的良药。

一定的物质生活，是人人都需要的。即使出家的人，也要随着社会生活的变化而相应地改变自己的物质条件，在一定的范围内，为实现这些条件而做出的努力，不是一种贪欲。相反，如果这些条件不能具备，社会还应当给予帮助。同时，那些为增长社会财富而兢兢业业，目的在于公众的利益和人类的幸福，也不是一种贪欲。所以，问题不在财富本身，而在于如何对待这些财富。

如果自己创造了许多物质财富，不因此居功，也不执为己有，不祈求荣誉和社会的报答，只把这些当作本性的自然发挥，不论这些财富是否记在自己名下，都不去挥霍，也不去炫耀，心底里淡泊平静，这就不是执着，也不是贪婪。这样的人，就是心灵高尚的人。

其他方面，都是如此。如突出的政绩，事业的成功，艺术的创造，科学的发现，竞赛的获胜，等等。当事者如果心里能淡然平静，不因为荣誉、鲜花、财富而自得自喜、贪婪傲慢，那就是一个高尚的心灵。他的心，就未被金钱所染污，也未被荣誉所腐蚀，仍然保持了清净的本性。

《坛经》说，修行佛道，不必出家，在家亦得。也就是说，无论从事什么职业，都不妨碍自己心里的淡然平静。当然，这职业应是造益于社会的职业，不是贩毒、拐骗之类的职业。对于自己的职业，能够敬其业，善其事，那么，这不仅不是《坛经》所反对的，而且是《坛经》所主张的，所赞同的。

《坛经》所反对的只有一条，那就是心里的执着，包括一切贪婪和妄见。譬如一个人，创造了很多的社会财富，他把这些财富视为己有，轻则炫耀、挥霍，甚则依仗财富欺人辱人，最后，为财富的增多，而不顾国法、道义，作假行骗，贪狠刻薄，这就是执着，就是妄见。这些执着、妄见，就会蒙蔽他那本来清净的本性，使他贪婪、自私、狠毒、虚荣。这样的人，不论外表如何高贵、显赫，心里却永远固陋、猥琐、卑下。

其他方面的成就，也是如此。突出的政绩，事业的成功，科学的发现，技术的发明，艺术的创造，竞赛的获胜，都可以成为骄人的资本，追名逐利的手段。它们可以使人更加高尚，也可以使人堕落、卑下。转换的关键，还是在于自己的心如何对待这些身外之物了，是否能保持心灵的清净？

在这里，财富、荣誉本身都不是罪过，罪过是对待财富、荣誉的态度。

有一种偏见，把财富、荣誉本身看作罪过，以不追求者自居，懒散怠惰，昏然度日，不思努力，甘愿堕落，还自诩清高，以为自己无所贪求。其实，他们贪求的只有一条，那就是闲散和安逸。贪图闲散安逸和贪图财富享乐一样，都是一种贪求，一种妄见。

贪图财富者以财富欺人，贪图安逸者以无财、无德、无能嫉恨人，他们嫉恨别人的财富，也嫉恨别人的成功，甚至嫉恨别人的美貌。这样的人，心里同样不能清净。

等而下之，一些人为了追求财富和荣誉，采取种种不正当手段，投机、欺诈、中伤他人，直到杀人越货，掠人财物，霸人妻女。这样的人，已经完全成为他心中的恶的化身。如果不能幡然改悔，他自己的灵魂就将首先被恶所败坏。

依《坛经》所说，高尚的心灵会化出高尚的境相，卑鄙的心灵会化出卑鄙的境相。侮人者不仅人必侮之，而且首先是自侮。使别人痛苦的人，自己是不会有平静和幸福的。《坛经》劝导人们，希望人人能去掉邪见、妄想，从而消除争夺，使人心和社会生活都能像永远流淌而不起波浪的河水，平静、清净而谐和。我们则进一步希望，人们能把心灵的高尚发为实际的社会行为，使人人尽其才能为社会服务如尽其天性，使社会财富能合理分配，使社会公正得以实现，使增进人类幸福成为上进的动力，使道义成为行为的规范。使人人都得到幸福，人人又都无所得。使心灵、自性的清净和社会现实的平静、谐和协调一致，使僧尼道俗之间的差别也归于消失，那就不仅是个人心里的净土，而且是全人类从色身到本心都共同享有的幸福。

偶像的崇拜由来已久，人们以为那偶像之中有一种神秘的力量，它可以使自己成功，使自己发财，使自己逢凶化吉，遇难成祥。这种偶像崇拜使人们往往产生非分之想，企求那非分之得。为了这些非分妄想，人们往往把偶像拟人化，并像对待人间的贪官一样去对待它们。现实中，人们付与贪官礼物贿赂，就能达到某些国法公义之外的要求。

因此，人们也希望通过祭品的丰盛来讨得那些偶像的欢心，使偶像赐给自己非分的幸福。这样做的人们，心里往往怀着极大的贪欲，能否获得偶像的庇佑还待下一步说，这贪欲本身就是自造的地狱、恶魔。贪欲若能实现，就自大自傲，自以为得了神灵的特殊庇佑；一旦贪欲不能实现，又往往生怨生恨，烦恼不得安静，这就是地狱和恶魔。

　　早在《坛经》出现以前，聪明的人们已经指出，即使外在的神灵确实存在，也当是聪明正直，依人而行，绝不会接受人们的贿赂，也绝不会满足人的非分之想，不义之求。比如治病，葛洪就指出，假若以为献祭可以使神灵为自己免除疾病，那么富人们就都应该健康长寿，但事实上并不如此。

　　佛教传入中国不久，人们就明白，没有什么外在的神灵掌握着自己的吉凶祸福，人们所得到的报应不是神灵的恩赐，而是自己行为的报偿。行善者得善报，作恶者得恶果，是必然的，就像对着山谷大喊必有回声。这不是神灵在主宰，而是一个自然而必然的过程。

　　《坛经》的出现，更是排斥了外在神灵的存在。佛在自己心中，觅佛也只能向自己心中去觅，向自己心中觅佛，只能靠自己，靠自己用般若智慧排除那些妄见、邪念，自性显现，就见性成佛。这就叫作自性自度。

自性自度完全把成佛的一切条件交给了每个人自己。它告诉人们，只有自我向善，才能成就佛道；而且只要自己向善，也就能成就佛道。如果自己不向善，没有任何佛会把自己接引。

对于俗人来说，不一定要求成就佛道，但都应要求向善，也都会要求向善。没有天生的恶人，自甘堕落者也极其罕见，而且往往是不得已。而向善，只有靠自己。靠自己，也一定能够向善。在这个世界上，能不能做官、发财、出人头地，往往取决于许多外在的因素；但能不能向善，却完全取决于自己。一个人难以把握自己的命运，却完全能决定自己是否向善。从这个意义上说，《坛经》的自性自度可资借鉴，可以提高我们自我向善的信心。

自性自度的原则，还提高了我们对自己的能力和作用的信赖。它不仅适用于自我向善，还可扩展到更加广泛的方面。

激烈的商业竞争，瞬息万变的市场和股票价格，使置身其中的人仿佛波涛汹涌的海上的孤舟。为了把握自己的命运，他们往往求助于外在的力量，比如菩萨和神灵的保佑，甚至打卦问卜，要预知前途。然而，如《坛经》所说，自己不修，不断十恶之心，什么佛会来接你？现实的商业竞争中也是如此，自己不努力工作，创不出好的产品，谁也不会保佑你获得成功。打卦问卜，也告诉不了你前途。因为连佛祖都在心中，此外还有什么神灵？

人处在这个社会，无论做什么事，归根结底都要靠自己，成佛靠自己，向善靠自己，进步、成功，归根结底都要靠自己。投机取巧的事也许会暂时奏效，但成就大事者却非靠自己努力不可。一个人，也只有靠自己的切实努力，才有可能取得切实的成就。

我们希望一切人，无论是僧是俗，无论信佛还是不信佛，都要相信自性自度，依靠自己的努力，去为人类做出该做的贡献。不要投机取巧，不要崇拜偶像。要自我向善，自我奋进。我们的人类，就会不断进步；我们的世界，就会是更加光明的世界。

参考书目

1.《十三经注疏·周易》 中华书局影印本，一九八〇年。

2.《十三经注疏·论语》 中华书局影印本，一九八〇年。

3.《老子全译》 任继愈 巴蜀书社，一九九二年。

4.《国语》 巴蜀书社影印本，一九八五年。

5.《庄子集释》 郭庆藩 中华书局标点本，一九八二年。

6.《十三经注疏·孟子》 中华书局影印本，一九八〇年。

7.《四书集注·大学》 中华书局标点本，一九八三年。

8.《四书集注·中庸》 中华书局标点本，一九八三年。

9.《十三经注疏·公羊春秋》 中华书局影印本，一九八〇年。

10.《诸子百家丛书·春秋繁露》 上海古籍出版社，一九八九年。

11.《论衡》 上海人民出版社，一九七四年。

12.《史记》 中华书局标点本。

13.《老子注》王弼 《王弼集校释》 楼宇烈 中华书局，一九八〇年。

14.《庄子注》郭象 《庄子集释》 郭庆藩 中华书局标点本。

15.《维摩诘经》 鸠摩罗什译 台湾大悲印经会本，一九九〇年。

16.《维摩经注》 僧肇 上海医学书局本。

17.《三报论》 慧远 《中国佛教思想资料选编》第一册，中华书局，一九八一年。

18.《大乘起信论全译》 杜继文 巴蜀书社，一九九二年。

19.《涅槃经》《大正藏》卷十二。

20.《坛经》（敦煌斯坦因本）。

21.《坛经》（敦煌博物馆本）。

22.《坛经》（北京图书馆本）。

23.《坛经》(宗宝本)。

24.《历代法宝记》《大正藏》卷五十一。

25.《神会语录》 铃木大拙、公田连太郎校订 日本森江书店，一九三四年。

26.《庄子疏》 成玄英 《正统道藏》洞神部玉诀类。

27.《韩昌黎先生集》(朱熹校注)《四部丛刊》本。

28.《太上老君说常清静经》《正统道藏》洞神部玉诀类。

29.《太上老君元道真经》《正统道藏》洞神部玉诀类。

30.《景德传灯录》《大正藏》卷五十一。

31.《宋高僧传》 中华书局标点本，一九八七年。

32.《五灯会元》 中华书局标点本，一九八四年。

33.《六祖坛经序》 惠昕 见柳田圣山编《六祖坛经诸本集成》。

34.《六祖坛经序》 郎简 见柳田圣山编《六祖坛经诸本集成》。

35.《正蒙》 张载 《张载集》,中华书局标点本，一九七八年。

36.《悟真篇》 张伯端 《正统道藏》洞真部玉诀类。

37.《重阳全真集》 王重阳 《正统道藏》太平部。

38.《重锓曹溪原本法宝坛经缘起》 王起隆 见柳

田圣山编《六祖坛经诸本集成》。

39.《胡适说禅》 东方出版社，北京，一九九三年。

40.《敦煌出土六祖坛经》 铃木贞太郎（大拙） 森江书店，日本东京，一九三四年。

41.《六祖坛经诸本集成》 柳田圣山 中文出版社，日本京都，一九七六年。

42.《坛经对勘》 郭朋 齐鲁书社，济南，一九八一年。

43.《坛经校释》 郭朋 中华书局，北京，一九八六年版。

44.《敦煌坛经写本跋》 任继愈 载《任继愈学术论著自选集》，北京师范学院出版社，北京，一九九一年。

45.《敦煌新本六祖坛经》 杨曾文 上海古籍出版社，一九九三年。

46.《中国禅宗通史》 杜继文、魏道儒 江苏古籍出版社，南京，一九九三年。

47.《佛学与儒学》 赖永海 浙江人民出版社，杭州，一九九二年。

48.《佛教大藏经史》 方广锠 中国社会科学出版社，北京，一九九一年。

49.《中国禅宗思想历程》 潘桂明 今日中国出版社，北京，一九九二年。

出版后记

　　星云大师说："我童年出家的栖霞寺里面，有一座庄严的藏经楼，楼上收藏佛经，楼下是法堂，平常如同圣地一般，戒备森严，不准亲近一步。后来好不容易有机缘进到藏经楼，见到那些经书，大都是木刻本，既没有分段也没有标点，有如天书，当然我是看不懂的。"大师忧心《大藏经》卷帙浩繁，又藏于深山宝刹，平常百姓只能望藏兴叹；藏海无边，文辞古朴，亦让人望文却步。在大师倡导主持下，集合两岸近百位学者，经五年之努力，终于编修了这部多层次、多角度、全面反映佛教文化的白话精华大藏经——《中国佛教经典宝藏》，将佛教深睿的奥义妙法通俗地再现今世，为现代人提供学佛求法的方便途径。

　　完整地引进《中国佛教经典宝藏》是我们的夙愿，

三年来，我们组织了简体字版的编审委员会，编订了详细精当的《编辑手册》，吸收了近二十年来佛学研究的新成果，对整套丛书重新编审编校。需要说明的是此次出版将丛书名更改为《中国佛学经典宝藏》。

佛曰：一旦起心动念，也就有了因果。三年的不懈努力，终于功德圆满。一百三十二册，精校精勘，美轮美奂。翰墨书香，融入经藏智慧；典雅庄严，裹沁着玄妙法门。我们相信，大师与经藏的智慧一定能普应于世，济助众生。

东方出版社

图书在版编目（CIP）数据

六祖坛经 / 李申 释译 . — 北京：东方出版社，2015.10
（中国佛学经典宝藏）
ISBN 978 - 7 - 5060 - 8594 - 6

Ⅰ.①六… Ⅱ.①李… Ⅲ.①禅宗—佛经—中国—唐代②《六祖坛经》—注释③《六祖坛经》—译文 Ⅳ.① B946.5

中国版本图书馆 CIP 数据核字 (2015) 第 249279 号

六祖坛经
（LIUZU TANJING）

释 译 者：李　申
责任编辑：查长莲
出　　版：东方出版社
发　　行：人民东方出版传媒有限公司
地　　址：北京市东城区朝阳门内大街 166 号
邮　　编：100010
印　　刷：北京明恒达印务有限公司
版　　次：2016 年 10 月第 1 版
印　　次：2024 年 9 月第 7 次印刷
开　　本：880 毫米 × 1230 毫米　1/32
印　　张：8.75
字　　数：145 千字
书　　号：ISBN 978 - 7 - 5060 - 8594 - 6
定　　价：40.00 元
发行电话：（010）85924663　85924644　85924641